Erweiterte Neuauflage
© 2011 by : TRANSIT Buchverlag
Postfach 121111 · 10605 Berlin
www.transit-verlag.de

Umschlaggestaltung und Layout:
Gudrun Fröba, Berlin
Druck und Bindung:
Pustet, Regensburg
ISBN 978-3-88747-253-5

Berlin ist das Allerletzte

Absagen in höchsten Tönen

Herausgegeben von
Detlef Bluhm und Rainer Nitsche

Mit einem Nachwort von
Katja Lange-Müller

: TRANSIT

Inhalt

VORWORT

»Kann mir keine große Seligkeit davon versprechen, ein paar Stunden früher in Berlin zu sein.« Das schrieb der preußische König Friedrich Wilhelm III., als ihm der Eisenbahnbau schmackhaft gemacht werden sollte mit dem geschmacklosen Argument, er könne so schneller seine Residenzstadt erreichen. Dieser Regent stand und steht mit seiner reservierten Haltung Berlin gegenüber nicht allein da. Nicht nur Politiker, nein, auch und gerade Koryphäen des Geistes und der Feder haben sich mutig und verantwortlich, also abschreckend geäußert.

Berlin, »abgebrüht und blasiert« (Klaus Mann), hat es immer verstanden, sich in den Vordergrund zu spielen. Selbst aus Katastrophen konnte es Gewinn ziehen, Subventionen und Notopfer noch und noch, vom Dreißigjährigen Krieg bis heute. So reich beschenkt, zeigte die Stadt jedoch nie auch nur einen Hauch von Demut oder Bescheidenheit. Nein, die aufwendigsten Theater müssen her, die teuersten Ingenieure und Tenöre, die schrägsten Straßen, die schrillsten Leute, immer das Größtebesteprotzigste – eine grandiose Kulisse, vor der Fürst Potemkin sich als erbärmlicher Anfänger schämen müsste. Und die bittere Folge? Nicht einmal die Bonner Politiker waren dieser Stadt gut genug!

Dass sie dennoch so manchen Zuspruch erfährt, liegt vor allem daran, dass diejenigen, die diese Stadt durchschaut haben, ihre Erkenntnisse nicht pointiert genug der Öffentlichkeit preisgeben, es also entweder an Talent im Schimpfen fehlen lassen oder aber jenes Niveau verpassen, mit dem allein man Berlin beikommen kann. Diesem Manko soll mit der hier vorliegenden Kollektion klassischer, also anspruchsvoller Verrisse abgeholfen werden, verfasst von Autoren, die mit prophetischer

Begabung mühelos ins Heute treffen und so manchen Nach-
geborenen blass aussehen lassen, der sich schon auf der Höhe
der Gemeinheit wähnt, wenn er apart zu brummeln wagt: Berlin ist das Letzte. Ein Schatz von Einsichten und mitreißen-
den Formulierungen tut sich also auf, die selbst dieser Stadt die
Schamröte ins Gesicht treiben müssten und die Frage nahele-
gen, was es denn wohl sei, womit sie die Menschen immer wieder provoziert.

»Berlin liegt weit ab von den Stammgebieten deutscher Kultur«, stellte Karl Scheffler, der bissige Aufklärer, schon 1910 in
seinem Stadtporträt fest. Wir Heutigen wollen ganz so weit
nicht gehen (wenngleich wir uns vor der Unbestechlichkeit und
dem erfrischenden Temperament der hier versammelten Älte-
ren neigen). Milder und hoffnungsvoller setzen wir auf langsa-
me, wenn auch nicht unbedingt freiwillige Besserung (sie be-
darf der Begleitung), eine Besserung, deren erstes Leuchten die
geschätzte Leserschaft darin erkennen mag, dass dieses Buch in
Berlin immerhin erscheinen konnte.

Die Herausgeber

Einfahrt

EINE LANDSCHAFT WIE EIN GRABSTEIN
Victor Tissot

»Kommen Sie weder zur Abend- noch Nachtzeit hier an. Nichts ist weniger zuverlässig als die Berliner Kutscher; wenn sie merken, dass Sie die Stadt nicht kennen, werden Sie sie nach irgendeiner abgelegenen Vorstadtgasse fahren, wo Ihnen Börse und Gepäck abgenommen werden. Dies wiederholt sich seit der neuen Ära so oft, dass es in den Zeitungen der Hauptstadt stereotyp geworden ist.«

So endet der Brief, den einer meiner Freunde, Korrespondent einer englischen Zeitung, der seit drei Jahren in Berlin ist, an mich nach Leipzig sandte, als ich gerade im Begriff war, zu ihm zu reisen. Der Ruf der Kutscher am Spreestrande war bereits zu mir gedrungen, doch glaubte ich, dass sie ihre Raubgelüste gegenüber dem starken Geschlecht fahren ließen. Der Rat war jedenfalls leicht zu befolgen; mit dem Vorteile, sein Geld sicher in der Tasche zu behalten, verband es den andern, ganz bequem von neun Uhr morgens bis vier Uhr nachmittags diese Mark Brandenburg, ebenso berühmt wie die römische Campagna, betrachten zu können.

Auf die grünen Wiesen folgt bald die sandige Ebene. Ich wüsste nichts Traurigeres, Öderes. Keine Dörfer, kein Landleben, keine Fuhrwerke, umgeben von heitern Landleuten, wohl aber die Stille und Starrheit des Todes, hier und dort nur einige elende Hütten, welche wie alte Bettelweiber um einen Kirchturm gruppiert sind, der selber einer Ruine gleicht; Sanddünen wie am Meeresufer. Ferner Reihen von verkommenen Nadelhölzern, deren knorrige Wurzeln aus dem Boden gleich Schlangen herausragen. In den Niederungen Tümpel voll grünlichen Sumpfwassers, an deren Rande zwei oder drei Kühe, magerer als die, welche Pharao im Traume gesehen, die paar Grashalme abweiden. Nirgends ein menschliches Wesen, nirgends ein Vogel. Eine einzige Blume wächst in dieser Einöde: die Klatschrose – man glaubt Blutflecken zu sehen.

Der Himmel stimmt vollständig mit dieser traurigen Landschaft überein: grau und schwer gleicht er einem Grabstein. (1875)

D*iesen Mittag*
erreichen wir Berlin. –
Alles endet hienieden.
ARTHUR SCHOPENHAUER
(REISETAGEBUCH, 1804)

DIE ERSTEN ERFAHRUNGEN DER ANKUNFT
Ernst Dronke

Die Lokomotive pfeift. Von Trebbin, der letzten Station der Anhaltischen Eisenbahn, zieht es sich noch beinahe fünf Meilen lang gleichförmig, ununterbrochen fort, aber schon hier zeigt uns die Gegend die nähernde Nähe des großen, traurigen Sandmeeres, in dessen Mitte die große Stadt gleichsam als eine Oase liegt. Hinter uns, so flach und eintönig auch die Landschaften waren, boten sich doch zuweilen lachende Auen und grüne Waldstriche den Blicken dar; hier aber streckt sich unabsehbar eine graue, dürre Heide vor uns aus, nur manchmal von vergilbtem Kartoffelkraut und einsamen, zwergartig verkümmerten Heidesträuchern besetzt. Den Eisenbahnzug begleiten dichte Wolken eines feinen, scharfen Staubes, welche dem Reisenden fast mitleidig den traurigen Anblick dieser Fahrt verhüllen. Keine freundliche Meierei, keine lachenden Felder, nicht einmal Fahrgleise von Wagen oder Fußsteige gewahrt man stundenweit in dieser Gegend, welche fast von allen verlassen wird, um Ersatz in der Stadt selbst zu suchen. Es ist öde und still ringsum, ein trauriges Bild; und doch charakteristisch, passend als Vorhof oder Vorbereitung für die nahe Stadt. Diese flache, unfruchtbare Ebene mit dem ätzenden Staub, in deren Boden der Wanderer beinahe versinkt, mag den Fremden beim ersten Anblick an das Berliner geistige Element erinnern. Es ist ihm das Bild unfruchtbarer Kritik, in deren Boden von alters her die Mistbeet- und Treibhausblümchen der Dichter oder Künstler nicht gedeihen noch sich selbständig entwickeln konnten, wo der Staub der Vergessenheit bis in die neueste Zeit so manche Größe bedeckte. Wer aber aus anderen Gegenden, aus Thüringen oder vom Rhein hierher kommt, wird sicher von einem Gefühl der Trauer oder der Wehmut überfallen.

In einiger Entfernung gewahren wir einzelne Hüttendächer benachbarter Dörfer, und zur Rechten taucht die Spitze eines Monuments auf einer niedrigen Anhöhe auf: der Kreuzberg, auf dem die Berliner im Sommer ihre schöne Natur genießen. Noch ein langer schrillender Pfiff, und die Wagen rollen durch eine lange Reihe von Gebäulichkeiten, an hüttenartigen Tabagien vorbei, und in den Bahnhof hinein. So ist man denn in der Stadt der Intelligenz angekommen. An der Auffahrt stehen dichte Haufen von Leuten jeden Schlages, an der Spitze aber einige Polizeibeamte. Diese Einrichtung ist sehr zweckmäßig; die roten Kragen, auf welche der erste Blick fällt, sind das lebendigste Warnungsschild, zu bedenken, wo man sich befindet. Hinter diesen bemerkt man anständig gebildete Herren von zweifelhaftem Aussehen, und ihr werdet recht tun, beim Vorüberstreifen dieser Leute eure Hände fest in die Taschen zu drücken. Seid ihr an diesen vorüber, so begegnen eure Augen wohl einigen lieblichen, zarten Mädchengesichtern, deren keuscher Blick und ebenso eleganter wie geschmackvoller Anzug den Unerfahrenen in ehrfurchtsvollen Schranken halten; vielleicht auch fällt einer dieser Blicke voll tiefem Ausdruck auf euch und ihr werdet plötzlich mit Lebhaftigkeit angegangen: – Heinrich, Franz, Jonathan, Nepomuck! – Bist du endlich da, ich habe dich erwartet! –

Ihr blickt überrascht auf, da keiner dieser Namen euch gehört, und die schöne Unbekannte schlägt errötend über ihren Irrtum, die Folgen einer täuschenden Ähnlichkeit, die Augen nieder; am Tage darauf aber werden beide mit sehr vergnügtem Ausdruck bei Kroll oder an einem anderen öffentlichen Orte sitzend und trotz Heinrich, Jonathan und Nepomuck miteinander Champagner trinkend zu sehen sein. Das sind mitunter so die ersten Erfahrungen der Ankunft.

(1846)

GLEICH EINEM GEFANGENEN
Charles Burney

Berlin. Den 28sten September, morgens um neun Uhr, langte ich, nachdem ich eine sehr kalte und regnigte Nacht unterwegs zugebracht hatte, vor dem Tore dieser Hauptstadt an. Ich hoffte, man würde mich ganz ruhig nach meinem Gasthofe fahren lassen, weil man an dem ersten preußischen Grenzorte, Treuenbrietzen, alle meine Sachen durchsucht und mir einen Passierzettel mitgegeben und weil mich die Lizentbedienten daselbst versichert hatten, dass man mich nunmehr nicht weiter beunruhigen würde, wenn ich nach Berlin käme. Aber das hatte ihnen nur des Trinkgeldes wegen zu sagen beliebt. Mein Passierzettel half mir nichts; ich musste dreiviertel Stunden vor dem Tore am Schlagbaume warten, ehe ich einen Soldaten zum Hüter bekam; dieser setzte sich alsdann mit geschultertem Gewehre und dem Bajonett auf der Flinte zu mir auf den Wagen und führte mich gleich einem Gefangenen durch die Hauptstraßen der Stadt nach dem Packhofe. Hier musste ich über zwo Stunden unter freiem Himmel, in nasser Kleidung, mit fortwährendem Schauder vor Kälte zubringen und meinen Koffer und Schreibkästchen ebenso stückweise und emsig untersuchen lassen, als ob ich geradeswegs von Paris in Dover angelangt wäre.

(1772)

BRIEF AUS EINER SANDBÜCHSE
Stendhal

Ich befinde mich gegenüber dem Zeughause, einem stattlichen Bau, unweit des königlichen Schlosses, von dem wir durch einen Arm der Spree getrennt sind. Das Spreewasser sieht wie grünes Öl aus. Berlin liegt an einer Sandwüste, die ein wenig nordöstlich von Leipzig beginnt. Die Plätze sind alle nicht gepflastert, so dass man bis an die Knöchel einsinkt. Der Sand macht die Umgegend der Stadt öde. Nur Bäume gedeihen und hie und da Wiesen. Ich begreife nicht, wie jemand auf den Gedanken geraten ist, mitten in diesen Sand eine Stadt zu gründen.
(Brief an Pauline Beyle, Grenoble,
3. November 1806)

Sowie man Berlin betritt,
ist es mit Schick und Eleganz vorbei.
THEODOR FONTANE
(1898)

DER SCHARFE LÄRM DER PRÜGELEI
Gustav Freytag

Im Herbst 1836 kam ich nach Berlin. Mein großer Freund freute sich über mein Staunen und forderte Bewunderung für alles Neue und Prächtige, das er mir vorstellte. Er war gekränkt, weil ich den Breslauer Ring für schöner erklärte als den Gendarmenmarkt und nicht zugeben konnte, dass die Feldherrnstatuen um die Hauptwache viel großartiger wären als unser Blücher auf dem Salzring. Er räumte mir sehr ungern ein, dass Breslau in Kirchen mehr leiste als sein Berlin mit der großen Domschachtel. Aber als er die breiten Straßen seiner Stadt vorzeigte, wurde er unwillig, wenn ich ihm verstockt entgegenhielt, dass sie aussähen wie ein weites schlotteriges Kleid an einem mageren Leibe, denn auf der Leipziger Straße konnte man 1836 bequem die Menschen zählen, so weit das Auge reichte, das war bei den dichtgefüllten Gassen Breslaus doch unmöglich. Freilich gegen das Königsschloss, das Brandenburger Tor und das Museum konnte wieder ich nicht aufkommen, und als ich die Räume des Museums betrat, war er mit der Wirkung zufrieden und wunderte sich nur, dass ich an den Antiken, für die ich etwas mehr Kenntnisse und Verständnis mitbrachte, größern Anteil nahm als an den Bildern.

Auch das Tagesleben der Stadt war mir fremdartig und unheimlich. Wir Schlesier sprachen behaglich und breit mit dem Vordermunde, die Berliner benutzten beim Sprechen energisch alles, was im Munde vorhanden ist, und außerdem, wenn sie hochmütig wurden, noch die Nase; wir daheim waren lässig und ertrugen mit gutherziger Höflichkeit Eigenheiten in Sprache und Benehmen der andern, die Berliner fassten lauersam und spottlustig alles, was ihnen ungeschickt und lächerlich erschien, gaben scharfe Antwort und freuten sich des Angriffs.

Wenn am Spätabend das Volk der Straßen aus den Schenken kam, hatten auch meine Schlesier gelärmt, und so oft zwei Haufen zusammenstießen, hatten sie einander reichlich Schimpfworte gegönnt und waren dann friedlich nach Hause gegangen. In Berlin gab es bei solchem Zusammenstoß nicht lange Beschwerden, sondern sogleich Hiebe, und jeden Abend hörten wir aus unseren Stuben – wir wohnten auf dem Hackeschen Markt – den scharfen Lärm der Prügelei.
(1836)

H*ierher nach Berlin kommt*
so leicht keiner zum Vergnügen.
POLIZEIDIREKTOR STIEBER
(1856)

DER ALLGEMEIN WIDRIGSTE EINDRUCK
Rosa Luxemburg

Heute um 6 1/2 morgens bin ich angekommen. S. sollte mich abholen, aber er hat sich verspätet, so dass ich mich bis 8 Uhr mit den Paketen auf der Straße herumschleppte und auf die Straßenbahn wartete, denn von einer Droschke war nicht die Spur. Aber das ist unwichtig. Ich schreibe dies bei K., die mit mir heute den ganzen Tag nach einem Zimmer herumgelaufen ist. Es ist äußerst schwierig, billigere Zimmer sind in Charlottenburg zu haben, dort ist auch die Luft besser, aber es liegt außerhalb von Berlin und ist ein ziemlich proletarisches Viertel. In der Stadt hingegen ist die Luft fatal und die Zimmer teuer. Alles in allem habe ich überhaupt noch kein einziges nach meinem Geschmack gesehen, morgen werden wir weitersuchen. Ich habe schon einen Plan von Berlin gekauft. – Ich bin einfach unmenschlich erschöpft und hasse Berlin und die Deutschen schon so, dass ich sie umbringen könnte. Überhaupt braucht man anscheinend zum Leben hier eine Reserve an Gesundheit und Kräften, ganz anders als die, welche ich mitgebracht habe.

Berlin macht auf mich im allgemeinen den widrigsten Eindruck: kalt, geschmacklos, massiv – die richtige Kaserne; und die lieben Preußen mit ihrer Arroganz, als hätte jeder den Stock geschluckt, mit dem man ihn einst geprügelt! Auf Schritt und Tritt fehlt mir jetzt die wohltuende Gemütlichkeit und die Kultur der Schweiz. Und auch die Reinlichkeit! Na, ich weiß nicht, woher das Märchen von den reinlichen deutschen Hausfrauen stammt, ich habe hier noch keine einzige gesehen.
(Briefe, 16./30. Mai 1898)

STERBEPOSTKARTE
Rainer Maria Rilke

Ich bin in Berlin seit gestern abends. – Früh kam ich heute durch die Stadt; das erste, was ich erfuhr, ist, dass Bismarck gestorben sei. In den Schaufenstern ist das Bild des Kanzlers von Lenbach, und über den Köpfen der Neugierigen heben sich umflorte Fahnen auf Halbmast. Extrablätter werden ausgerufen und manche Menschen haben wichtige Mienen oder einen schwarzen Rock, vermögliche Patrioten beides. Im Übrigen aber ist die Stimmung: Bismarck ist tot – es lebe – Berlin. Die Zeitungen erzählen von »dumpfer Trauer« …, es ist aber nur das dumpf, was immer dumpf bleibt im Alltag und unter der Menge. Wie geschmackvoll sich der Schmerz, den man allenthalben bemerken soll, offenbart, zeigt ein neues Wort, das aus zwanzig Hungermäulern kreischend die Friedrichstraße entlangflog: Bismarcks Sterbepostkarte!
(1. August 1898)

NUR NACH DER KORPULENZ DES BEUTELS
Georg Friedrich Rebmann

Hier bin ich denn nun angekommen, lieber Carl, in der großen Stadt Berlin, diesem Schauplatz menschlicher Pracht und menschlichen Elends, diesem Vereinigungspunkt, wo äußerster Reichtum und äußerste Armut durcheinander und nebeneinander sichtlich sind, und wo linker Hand in der vergoldeten Karosse der Herr im Galakleid besorgt ist, eine halbe Million mit Geschmack zu vergeuden, während rechter Hand dicht an ihm ein armes Mütterchen das letzte Jäckchen um einige Groschen ins Pfandhaus trägt, um sich einige Dreier zu einem Bissen trockenen Brotes zu erwerben. Mein Gefühl, unter dieser Menge allein zu sein, ist wieder in seiner ganzen Fülle erwacht. Kein Wesen, dem ich lieb bin, ist um mich als mein treuer Pudel, der schmeichelnd seinen Kopf auf meinen Fuß legt und es so lebhaft als ich zu fühlen scheint, dass er hier fremd ist. Zwischen dir und mir, mein Teurer, fließen schon der Rhein, der Main, die Elbe, die Havel und die Spree, und wenn mirs übelgehen, wenn ich deiner bedürfen sollte, so bin ich doch wohl nicht mehr, wenn du auch mit Extrapost mir zu Hilfe eilen wolltest. – Wie widersprechend doch unsre Gefühle, unsre Wünsche sind! Wie oft wünscht' ich mich unter einen großen, fremden Menschenhaufen, wo niemand wüsste, wer ich wäre, wo niemand meinen Namen kennte. Und jetzt gibt es Augenblicke, wo ich mich in das kleine Landstädtchen zurücksehne, wo jeder Bube auf der Straße das Register meiner Jugendsünden am Finger herzuzählen vermag. Es ist ein sonderbarer Gedanke, Carl, unter einer Menge gleichartiger Wesen zu sein, die kein Interesse an mich knüpft, wenn es nicht bar bezahlt ist, und die den Grad ihrer Achtung gerade nach der Korpulenz meines Beutels abmessen. (1793)

Die Stadt

WEIT AB VON DEUTSCHER KULTUR
Karl Scheffler

Versucht man, Berlin, die zur Millionenstadt und Reichshauptstadt gewordene Siedelung germanischer Ackerbauern und wen-
discher Fischer, mit einem Wort zu charakterisieren, das nicht
nur für die ersten Jahrhunderte der Stadtgeschichte, sondern
auch heute noch Geltung hat, so hilft dazu ein Gedanke, den
Eduard Heyck in seiner »Deutschen Geschichte«, wenn auch
im Vorübergehen nur, andeutet, wo er sagt, dass dem Ostelbier
immer noch ein »feinen Instinkten wahrnehmbares Ingredienz
des Kolonialmenschen« anhaftet. Verwendet man dieses glückliche Anschauungsergebnis bei der Betrachtung Berlins, der
Hauptstadt Ostelbiens, so kommt man zu der Formulierung,
Berlin sei geworden, was es ist als Residenzstadt eines Kolonial-
landes, es sei, heute noch wie vor vielen hundert Jahren, recht
eigentlich eine Kolonialstadt.

Berlin ist niemals ein natürliches Zentrum, niemals die vor-
bestimmt deutsche Hauptstadt gewesen. Es lag von jeher weit
ab von den Stammgebieten der deutschen Kultur, ja, der deutschen Geschichte; es ist zu all seiner ungeschlachten Mächtig-
keit wie nebenher emporgewachsen. Jahrhundertelang wurde
Berlin kaum genannt, wo Angelegenheiten des Deutschen Rei-
ches verhandelt wurden; denn diese Stadt war immer ein Au-
ßenwerk und ist es im gewissen Sinne noch heute. Auch jetzt ist
Berlin noch eine Grenzstadt und liegt nach wie vor an der östli-
chen Peripherie der deutschen Kulturzone. Auf den gegen Morgen führenden Landstraßen vor den Toren dieser Grenzstadt
beginnt gleich der Osten. Der Osten! das will sagen: das weite, flache Vorland des Deutschtums, das alte Kolonialland, den
Wenden und Polen Stück für Stück entrissen, einer kargen, un-
wirtlichen Natur Meile für Meile abgewonnen. Bis Berlin reich-

te immer eben noch der Strom deutscher Kultur, dessen Quellen im Westen und Süden des deutschen Landes entsprangen; dann versiegte er, als hätte ihn die ungeheure Düne der Eiszeit, auf deren Sand Berlin erbaut ist, verschluckt. Weiter nach Osten scheint nur noch die Notdurft zu regieren. Zum deutschen Westen und Süden verhält sich der Osten wie zum Mutterland das Tochterland. Berlin ist ein vorgeschobener Punkt, gerade noch westlich genug gelegen, um nicht abgeschnitten zu sein; was aber dahinter kommt, inmitten dieses endlosen Ostlandes, das direkt in die russischen Ebenen hineinzuführen scheint, das ist Kleinstadt, Landstadt oder Verwaltungszentrum. In schwermütiger Einsamkeit dehnt sich das Acker- und Heideland dahin; das Auge sieht, wohin es blickt, entweder das Nützliche und Praktische oder eine hoffnungslose Wüstenei, das ewig Gestrige und das vom Tag für den Tag Geschaffene. Das Klima sogar mutet östlich an, schon ein wenig wie Steppenklima. Solange dieses weite Land auch schon zum Reich gehört, immer scheint es noch Neuland zu sein, bewohnt von einem Geschlecht harter und trockener Pioniere.

(1910)

Säulen, was tut ihr hier?

Per Daniel Amadeus Atterbom

Ich hatte von meinen Fenstern eine ziemlich gute Aussicht auf den größeren Teil des Gendarmenmarkts, der einer der größten und schönsten Plätze Berlins ist. Mir gerade gegenüber auf der weitgestreckten Fläche lag eine Kirche, welche vermutlich ein Meisterstück des architektonischen Geschmacks Friedrichs des Zweiten ist, aber trotzdem aussieht, als ob sie vom Zuckerbäcker gebaut worden wäre.

Ich lasse es dahingestellt, ob man auf sie nicht Ehrensvärds bekannten Ausruf über Berlin und Potsdam anwenden kann: »Säulen, was tut ihr hier?« und ob man wirklich eine Kirche, einen christlichen Tempel damit aufführt, indem man kleine, bedachende Säulengänge in mehreren Absätzen übereinandertürmt und das Ganze dann auf jeder Seite des basierenden Vierecks mit einem Stückchen Pantheonfassade ausschmückt.

Überdies hat alles in der Bauart, in Anlage der Straßen, in der ganzen äußeren Erscheinung eine gewisse prahlende und trockene Monotonie, die ohne Zweifel entweder den Berliner Charakter allegorisch schildert oder doch stark auf denselben einwirkt. Der Beschauer wird bald all der Richtschnurbauten, Linien und geometrischen Figuren überdrüssig, wie zierlich sie auch ausstaffiert sind, und glaubt beständig, unter Reihen von lauter Kasernen zu wandeln. Dieser Eindruck kann umso weniger Illusion genannt werden, da es fast unmöglich ist, Füße und Augen nach irgendeiner Richtung zu wenden, ohne auf Soldaten, Paraden, Märsche und Manöver zu stoßen.

(1817)

HAARBEUTELMANIER

Franz Grillparzer

Die hiesigen öffentlichen Gebäude haben alle beim ersten An-
blicke etwas höchst Imposantes, bei näherer Betrachtung verlieren sie aber, teils durch eine gewisse Überladung an Verzierungen, die häufig an die Haarbeutelmanier erinnern, teils durch
die Art, wie die Säulen angebracht sind, die alle ohne stark her-
vortretende Substruktion vom ersten Stockwerk in die Höhe
steigen, was auf mich einen widerlichen Eindruck macht, da die
Säule, ihrer Natur nach eine Stütze, auf dem Boden ruhen soll.
In ihrer hiesigen Anwendung erscheint sie mehr als ein müßiges
Beiwerk.
(1826)

A*ber mein Gott, was für
eine langweilige, entsetzliche
Stadt ist Berlin!*
FJODOR M. DOSTOJEWSKI
(BRIEF AN SEINE FRAU,
JUNI 1874)

ES FÄLLT SCHON VON SELBST WIEDER UM
Friedrich Hebbel

Da wäre ich denn einmal wieder in der Metropole deutscher
Intelligenz, wie Berlin sich so gerne nennen hört. Wahr ist's,
Deutschland hat nur eine Stadt, die den Namen einer großen
gleich auf den ersten Blick erobert, und diese eine Stadt ist Berlin. Was sind das für Straßen, für Plätze und Gebäude; man
fühlt sich an Paris, sogar an Rom erinnert. Aber freilich, man
darf nicht näher hinsehen, man darf nur blinzeln, wenn man
den Eindruck nicht wieder verlieren soll. Denn genau betrach-
tet: wie leer sind diese Straßen, wie öde diese Plätze, wie wenig solid diese Gebäude. Alles ist wie auf den Kauf gearbeitet,
die Erde braucht sich nicht zu schütteln, um es zu zerstören,
es fällt schon von selbst wieder um. Wohl gibt es Zeugnis von
einem außerordentlichen Dasein, aber nicht von dem Dasein
eines Volkes, das sich behaglich einrichtet, sondern von dem
Dasein eines mächtigen Individuums, das sich ein Denkmal
setzte. Friedrich der Große ist es, der uns an allen Ecken und
Enden entgegentritt, denn auf sein Kommando haben sich
diese Häuser ebenso gut in Reihe und Glied gestellt wie seine Soldaten, und man hat das Gefühl, dass sie ebensowenig
in alle Ewigkeit so stocksteif stehen bleiben können wie diese
stehen geblieben sind. Wie ganz anders ist das mit Wien! Da
ist alles gewachsen, nichts gemacht; der Stephansturm scheint
unmittelbar in der Erde zu wurzeln, und Paläste und Hütten
scheinen sich, wie Vasallen um ihren Herrn und Gebieter, in
treuer Anhänglichkeit um ihn geschart zu haben. Dazu die
üppige Natur, die hier nur für's Herbarium produziert, so dass
der Frühling notgedrungen seine Erquickungen ganz homöo-
pathisch abmisst und den Duft einer Blume auf tausend Menschen verteilt!

Dagegen lässt es sich nicht leugnen, dass sich in Berlin von jeher die bedeutendsten Repräsentanten der Kunst und Wissenschaft zusammenfanden. Die guten Berliner hatten freilich nichts davon, als dass sie sich den Instinkt, auf den die Massen nun einmal angewiesen sind, durch die Krittelei verderben, ohne zur wahren Erkenntnis vorzudringen.
(19. April 1851)

Eine Großstadt?«, sagte meine Freundin Lisa, als sie aus Paris zurückkam, »eine Großstadt? Kinder, auf dem Potsdamer Platz gackern ja die Hühner!«
KURT TUCHOLSKY
(1928)

FEENSCHLÖSSER
Georg Friedrich Rebmann

Gleich bei der Einfahrt, von Potsdam aus, überrascht den Reisenden der prächtige Anblick der langen und königlichen Leipziger Straße. Hart am Tore befindet sich ein großes Achteck, in dessen Mitte man dann die treffliche Ansicht einer Reihe von Häusern genießt, die man anderswo Paläste nennen würde, einen Anblick, der sich mit einem Obelisk und einer etwas niedrigen Kirche schließt. Diese Straße ist bei weitem die reinlichste in Berlin, während die prächtigen Equipagen in der Mitte dahinrollen, hat der Fußgänger auf den Nebenwegen Platz, sich ungehindert mit der großen Menschenmasse fortzudrängen.

Schade, dass bei diesen Gebäuden meist dem Geschmack zuviel auf Kosten der Festigkeit gefrönt ist, und dass das Innere dem Äußeren nicht ganz entspricht. So schön sich die grün und weiß abwechselnden Steine, die Menge von Basreliefs und Statuen ausnehmen, womit fast jedes auf eine eigene Art geschmückt ist, so sind sie doch nicht für die Ewigkeit gebaut, und ich fürchte immer, mit der Zeit könnte manch steinerne Venus oder Grazie vom dritten Stockwerk oder dem schönen Dache herabstürzen und dem betrachtenden Fußgänger Nasenbluten oder Kopfschmerz verursachen. Du weißt, dass der König mit seinem Bauen außerordentlich schnell zu Werke ging und Gebäude hervorzuwinken liebte, die freilich wie Feenschlösser entstanden, aber auch wie Feenschlösser einst verschwinden möchten, wenn der gefräßige Zahn der Zeit sie erst recht zu benagen beginnt.

(1793)

ZU GEWALTIG
Frédéric Chopin

Liebste Eltern und Schwestern!

Bisher habe ich außer dem zoologischen Kabinett noch nichts gesehen, die Stadt kenne ich jedoch schon größtenteils, denn ich bin in diesen zwei Tagen ständig nur umhergeschlendert und habe mich in den feinsten Straßen und auf den schönsten Brücken herumgetrieben. Ich mache mir erst gar nicht die Mühe, die bedeutenderen Bauwerke hier aufzuzählen, wenn ich wiederkomme, werde ich alles erzählen, mein allgemeiner Eindruck von Berlin jedoch: es ist zu gewaltig für die Deutschen, wie es scheint, es könnte mit Leichtigkeit doppelt so viele Bewohner beherbergen. Anfangs sollten wir in der Französischen Straße wohnen, es kam jedoch anders, worüber ich mich sehr freue, weil diese Straße über die Maßen trist ist; kaum dass man dort sechs Menschen zusammen sieht; sicherlich ist ihre Breite die Ursache hierfür.

M. hat nicht für einen Groschen Geschmack, wenn er behauptet, die Berlinerinnen seien schön; lauter kahle Kiefer alias zahnlose Münder. Und sie putzen sich, dass es um die herrlichen zerschnittenen Musselins für solche sämisch ledernen Puppen wahrlich zu schade ist.

(Dienstag, 16. September 1828)

Preussens Hauptstadt
Anne Germaine Baronne de Staël

Berlin ist eine große Stadt mit breiten, geraden Straßen und von regelmäßiger Bauart. Da sie größtenteils neu gebaut ist, so finden sich wenige Spuren älterer Zeiten. Unter den modernen Gebäuden erheben sich keine gotischen Monumente, und das Neue wird in diesem neugebildeten Lande auf keinerlei Weise durch Altes unterbrochen und eingezwängt. Was kann aber, wird man sagen, sowohl in Hinsicht der Gebäude als der öffentlichen Einrichtungen besser sein, als durch Ruinen nicht gehemmt zu werden? Ich für meinen Teil würde mir in Amerika neue Städte und neue Gesetze wünschen; dort sprechen Natur und Freiheit laut genug zur Seele, um die Erinnerungen entbehrlich zu machen, aber auf unserm alten europäischen Boden müssen wir auf Spuren der Vergangenheit stoßen. Berlin, diese ganz moderne Stadt, so schön sie immer sein mag, bringt keine feierliche, ernste Wirkung hervor, sie trägt das Gepräge weder der Geschichte des Landes noch des Charakters der Einwohner; und die prächtigen neu aufgebauten Gebäude scheinen bloß für die bequeme Vereinigung der Vergnügungen und der Industrie bestimmt zu sein. Die schönsten Paläste von Berlin sind von gebrannten Steinen; kaum wird man in den Portalen und Triumphbogen Quaderstücke auffinden. Preußens Hauptstadt gleicht Preußen selbst; Gebäude und Einrichtungen zählen nur ein Menschenalter und nichts darüber, weil sie einen Menschen zum Urheber haben.
(1810)

Die grosse Nummer
Carl Sternheim

An Stelle der Universität, die in Berlin bis dahin wenigstens pro forma öffentlichen Lebens Erregerin geblieben war, traten die Deutsche Bank und die A.E.G., für Virchow und Mommsen Koch und Rathenau als Direktoren auf. Statt zu seelischen Andachten ging man zu Wertheim und Tietz.

Im Stadtplan Berlins triumphierte ohne Rücksicht auf Platz und künstlerisches Verhältnis als Neubau die große Nummer. Weinhäuser und Warenhäuser wuchsen mit Mietskasernen in Beton und Gips um die Wette, Bank-, Industrie- und Vergnügungspaläste erwürgten das Privathaus. Bis weit in die märkische Wüste stellte man mit dem Lineal gezogene kilometerlange Gebäudereihen auf, geradeso über den gleichen Leisten geschlagen, wie nun die Bewohner schon über einen Leisten geboren und erzogen wurden.

Da Zahlenmäßiges unbegrenzt ist, gab es jeden Tag neue Rekorde des Kolossalen. Durch Netze elektrischer Bahnen zerlegte der Berliner seine weitläufig gewordene Stadt, zerschnitt sie durch Automobile. Wie in sich selbst Geratter brauchte er äußeren Knatterns und Stampfens Schall im Ohr, Begriff von Dampf, Spannung und Ventil, durch das ein angestauter unmäßiger Druck entwich.

Dafür, dass er nichts Wesentliches, Elementares mehr miterfüllen durfte, wollte er, ein enttäuschtes Inneres zu betäuben, Radau und rauchigen Klamauk.

(1920)

Gedrillte Stupidität
Karl Scheffler

Kann man vor den Werken der Gontard, Langhans und Gentz von einem Stil Friedrich Wilhelms des Zweiten reden, vor den Gebäuden Schinkels von einem Stil Friedrich Wilhelms des Dritten und vor den Bauten Stracks, Hitzigs und Waesemanns von dem Stil Friedrich Wilhelms des Vierten, so muss die Gründerarchitektur Groß-Berlins als der Stil Wilhelms des Zweiten bezeichnet werden. Denn dieser Kaiser hat den großstädtisch entarteten Eklektizismus sanktioniert und hoffähig gemacht.

Auf diesem Wege ist Berlin wieder physiognomielos geworden. Wie ausgelöscht sind die individuellen Züge aus dem Anfange des 19. Jahrhunderts. Nichts ist geblieben als der Trakt der »Linden« bis zum Schlosse, mit den historischen Gebäuden, als die offizielle Wilhelmstraße und die stille, vergessen daliegende Klosterstraße, nichts als ein paar zufällig wirkende schöne alte Häuser und einige alte Plätze. Eintönig zieht sich das unendliche Vielerlei straßauf und straßab. Und um diese reich ornamentierte Nüchternheit auch nach außen recht deutlich zum Ausdruck zu bringen, sind den neuen Straßen und Plätzen dann die denkbar langweiligsten und nichtssagendsten Namen gegeben worden. In alten deutschen Städten pflegen die Straßennamen voll epischer Kraft zu sein; denn die Geschichte der Städte und ihrer Bevölkerung ist darin niedergelegt, die Musik und Melodie natürlichen Werdens. Die Straßennamen in Berlin aber sind nicht historisch geworden, sondern schulmäßig ausgedacht; auch sie sind künstlich und darum hässlich. Nur im innersten Stadtkern gibt es noch ein paar Benennungen, die an die ursprüngliche Bedeutung der Orte erinnern. In den neuen Stadtteilen aber herrscht durchweg das Prinzip, mit dem Wort Straße irgendwelche Namen von Fürsten, Künstlern, Gelehrten, Feldherren oder von Städten phantasielos zu verbinden. Mit kläglichem Eifer suchen Magistrat und Bezirksvereine nach berühmten Namen. Wo es in anderen Städten Wege und Gassen, Twieten, Gänge, Stiegen und ganz intime lokale Benennungen gibt, da liest man in Berlin immer nur das Wort »Straße«. Auch hierin kommt die garnisonmäßig gedrillte, amerikanistische Stupidität der Kolonialbevölkerung zum Ausdruck, die ganze Armut an Poesie, die Berlin allen feiner Empfindenden verhasst und zu einem Gefängnis der Arbeit macht.

(1910)

A*ußerdem duldet sie noch in sich die deutsche Provinz, freilich, um sie eines Tages aufzufressen. Sie nährt die Düsseldorfer, die Kölner, die Breslauer, um sich von ihnen zu nähren. Sie hat keine eigene Kultur in dem Sinne wie Breslau, Köln, Frankfurt, Königsberg. Sie hat die hässlichsten Gotteshäuser der Welt. Sie hat keine Gesellschaft.*
JOSEPH ROTH
(DIE FLUCHT OHNE ENDE,
1927)

PFERDESTÄLLE IM TEMPELSTIL
Victor Tissot

Die Straßen reihen sich lang und einförmig aneinander; sie sind Produkt eines souveränen Willens, sie sind wie Kasernen auf Befehl erbaut und nach dem Stock des Korporalkönigs in Reih und Glied gestellt. Hier darf man keine Monumente suchen, welche von der Vergangenheit erzählen und welche die Verkörperung einer Epoche oder einer Kunst wären. Die Begeisterung für das Schöne hat nie das zähe Herz jener rationalistischen und kleinlichen Könige von Preußen höher schlagen lassen. Eine Kanone ist ihnen stets wertvoller als ein Dom erschienen; sie hätten ein halbes Dutzend Raphael'scher Madonnen für einen sechs Fuß langen Grenadier hergegeben. Man spricht vom »Zeughaus und dem Schloss in Berlin« wie man in Wien, Köln, Frankfurt, Ulm vom »Dom oder Münster« spricht. Der Kriegsgott ist in der preußischen Hauptstadt der einzig anerkannte und angebetete. Der donnertragende Adler Jupiters ist stolz an der Garnisonskirche angebracht, und die Siegessäule steht auf dem Königsplatze wie das goldene Kalb Israels. Das melodische Geläute der christlichen Glocken wird durch den betäubenden Lärm der Trommler und das schrille Pfeifen der Pfeifer ersetzt. Das fröhliche Durcheinander der Arbeit wird durch das Rasseln der Artillerie erstickt. Daher wird man auch, wenn man die schnurgeraden, jedes Volkslebens baren Straßen durchlaufen hat, wenn man zehn Stunden hindurch nur Säbel, Helme und Federbüsche gesehen, von einer unsäglichen Langeweile befallen, man begreift, warum Berlin, trotz des Glanzes, welchen ihm die letzten Ereignisse verliehen haben, doch nie eine Hauptstadt wie Wien, Paris oder London werden wird. Es ist ohne Leben, es ist ein toter Gegenstand: ein von Schildwachen gehüteter Steinhaufen.

Die Spree, welche die Stadt durchfließt, ist ein ekelhafter Fluss, der schwarzen, Miasmen und Pestilenz verbreitenden Schlamm dahinwälzt. »Die Spree«, hat ein eingeborener Dichter gesagt, »gleicht einem Schwane bei ihrem Eintritte in die Hauptstadt und einer Sau bei ihrem Austritt.« Die über den Fluss führenden Brücken sind alle hölzern, schwer, massiv, aber fest und weit genug für die hinüberziehenden Regimenter und Kanonen. Der Unterhalt der Straßen würde einem italienischen Flecken zur Schande gereichen. Die Vorstädte sind nicht gepflastert, bei Regenwetter waten Menschen und Vieh in einem Meere von Schlamm. In jenen Stadtvierteln, wo die Bevölkerung wie Ungeziefer wimmelt und in Kellerräumen vegetiert, kennt man keine Trottoirs.

»Unter den Linden« – der Boulevard des Italiens Berlins – läuft längs des Trottoirs eine tiefe Rinne. Alle Augenblicke kommen dicke Dienstmädchen, groß wie Grenadiere, mit aufgeschürzten Ärmeln und Armen voll großer Sommersprossen, in einer Art von Holzschuhen, worin der nackte Fuß steckt, und leeren dort ihre Eimer voll Spülicht, wobei sie gelegentlich die Vorübergehenden bespritzen. Nachts ersetzen diese Rinnsteine die mangelnden Kloaken und fahren das, was in Paris die Compagnie Richer sorgfältig sammelt und in geruchlose Dividende umwandelt, der Spree zu. Mehr als einmal fand man in diesen Rinnsteinen ersoffene Betrunkene.

Mitten in der Stadt gibt's noch einen andern Infektionsherd. Ein ungeheures offenes Reservoir, dessen faule Ausdünstungen die Fliegen auf hundert Schritt töten. Jede Beschreibung ist unmöglich, man muss sehen, um es zu glauben. Während der drei Sommermonate sind Beamte der Straßenpolizei damit beschäftigt, die Nachbarschaft mit Phenylsäure zu desinfizieren. Schon oft ist davon die Rede gewesen, die Stadt gesünder zu machen, denn die Cholera herrscht dort beständig; aber die städtischen Hilfsquellen sind äußerst beschränkt. Übrigens beklagt sich das Volk nicht, es scheint sich in dieser gewürzten

Atmosphäre zu gefallen. Man hat Hallen erbaut, um jene widerlichen, auf offener Straße abgehaltenen Fleisch- und Fischmärkte abzuschaffen. Die Händler hatten sich darin eingerichtet, da weigerte sich aber die Kundschaft, dorthin zu gehen, und zur Stunde sind die Markthallen Berlins in einen Circus umgewandelt worden.

Die Gerüche Berlins sind nicht geeignet, den Fremden anzuziehen. Sie erwecken nur Übelkeit, während die Gerüche von Wien und Paris auf abgestumpfte Riechorgane einen gewissen prickelnden Reiz ausüben. Wer schnell in Amerika, Indien, Australien sein Glück machte, kommt oft in beide genannten Städte, um sein Geld auszugeben oder zu genießen. Jene, die in Berlin reich geworden, haben nichts Eiligeres zu tun, als »die große Sandbüchse Brandenburg« zu verlassen. Dieser Mangel an Fremden gibt der Stadt das Aussehen eines Dorfes und den schönsten Läden das Aussehen von Kramläden. »Was wollen Sie?«, antwortete mir ein alter Berliner, den ich fragte, warum das Aussehen der Läden im allgemeinen so traurig sei, »In unsern Straßen haben wir keine langen Züge von Engländern, Russen, Spaniern, Amerikanern, Ungarn wie bei Ihnen. Ägypten und die Türkei ruinieren sich unserer Tänzerinnen wegen nicht und unsere zu tollen Streichen aufgelegten Prinzen gehen ins Ausland. Die Fremden verweilen bei uns nicht, sie reisen nur durch, denn bereits nach eintägigem Aufenthalt rufen sie gähnend aus: ›Gott, was ist diese Stadt der hohen Intelligenz doch so langweilig.‹«

Diese so berühmte Straße, welche mit einer vierfachen Reihe von Bäumen, wovon nur einige der Familie der Linde angehören, besetzt ist, ist für die Fußgänger nur solange praktikabel, als sie sich auf dem Trottoir bewegen. Unter den eigentlichen Linden setzt man sich meist der Gefahr aus, durch Staubwolken erstickt oder von Reitern und Fuhrwerken bespritzt zu werden. Abends riskiert der Träumer, der sich unter diese finsteren Wölbungen wagt und zu sehr auf die durch das Laub flimmernden Sterne schaut, zwar nicht in einen Brunnen, wohl aber in die Hände jener ehrbaren Zunft zu fallen, welche mit so vielem Erfolge die Börsen und Uhrketten derjenigen einheimst, welche die an den Bahnhöfen angeschlagene väterliche Warnung vergessen haben. Man wird in Berlin mitten auf der Straße, wie in einem Dorfe Siziliens oder Griechenlands, angefallen. Um die günstige Stunde, da die Nacht ihren Schleier ausbreitet, nimmt die freie Liebe im Schatten der Bäume die Bänke in Besitz und der kleine neckische Gott treibt sein Spiel unter dem zarten Schutze der Gauner und Diebe. Nicht Lindenbäume wären dieser Straße nötig, wohl aber – Feigenblätter.

Die »Linden« nehmen ihren Anfang am Pariser Platz und dehnen sich bis zum Opernplatz aus. Ehe wir die Straße entlanggehen, wollen wir einen Blick auf den erstgenannten dieser Plätze werfen, welcher an Paris erinnert ungefähr wie ein hölzernes Pferd an ein lebendiges. Das Brandenburger Tor, eine schlechte Nachahmung griechischer Architektur, auf welchem ein Siegesviergespann steht, das Napoleon I. nach Paris spedierte, bildet nebst einem umgitterten Wachlokal den Hintergrund.

Zwischen der Universität und dem Zeughaus steht ein Wachlokal, das nach dem Muster eines römischen Kastells erbaut ist, mit einer Vorhalle von dorischen Säulen. Es ist das Werk des Berliner Repräsentanten jener anspruchsvollen neugriechischen Kunst, des Herrn Schinkel, welcher Pferdeställe im Tempelstil baut. Nächst diesem sonderbaren Wachgebäude kommt das mit kriegerischen Verzierungen überladene Zeughaus und ihm gegenüber das Palais des Kronprinzen, das einer italienischen Villa ähnlich ist. Ein Kalkanwurf deckt überall den Ziegelbau.

So sieht die Straße aus, welche den Ruhm und Stolz Berlins ausmacht. Die Passanten harmonieren mit dem trüben und graulichen Anblick dieser im Kasernenstil erbauten Häuser. Nichts Malerisches, Heiteres, Belebtes, Verführerisches wie in den Pariser Straßen. Der Kleinhandel ist unbekannt, Berlin hat kein Geschrei, es wird nur gestöhnt. Das Elend ist grauen-

erregend. Von zehn Personen, die vorübergehen, sind nach meiner durchschnittlichen Rechnung fünf in Lumpen gehüllt. Wenn die Nacht sich senkt, wird der Anblick herzzerreißend. Priapus sucht seine Priesterinnen unter den jungen fünfzehn- bis siebenzehnjährigen Mädchen aus. Es gibt keine Stadt in der Welt, wo die Jugend so profaniert und öffentlich den bestialischen Gelüsten preisgegeben würde. Dem Fremden steigt die Schamröte ins Gesicht …
(1875)

D*ie berlinischen Straßen sind
jetzt tiefer als die zu Madrid und es ist
unmöglich durchzugehen, ohne dass
man durch Ungeduld gezwungen wird,
sich Wagen und Pferde zu wünschen.
Die Räuberei in Berlin
ist in nicht viel kleinerem Ansehen
als zu Paris oder zu London.*
ANNA LOUISA KARSCH
(BRIEF AN JOHANN WILHELM
LUDWIG GLEIM, WINTER 1764)

Die Einwohner

VON NATUR ZUR FAULHEIT GENEIGT
Abt Trittenheim zu Spannheim

Die Einwohner sind gut, aber zu rauh und ungelehrt, sie lieben mehr die Schmausereien und den Trunk als die Wissenschaften. Selten findet man einen Mann, der die Bücher liebt, sondern aus Mangel der Erziehung und der Lebensart ziehen sie die Gesellschaften, den Müßiggang und die Pokale vor. Die Ausschweifung im Trinken wird von ihnen nicht für ein Laster gehalten; doch gibt es auch viele unter ihnen, die sich dessen enthalten, und die Einzöglinge aus Franken und Schwaben, wie ich oft bemerkt, sind mehr dem Suff ergeben als die Landeseinwohner.

Man kann von den Märkern sagen, dass sie durch die vielen Festtage und durch ihre Faulheit zur Armut gebracht werden, und dass sie durch das viele Fasten und den Suff ihren Tod beschleunigen, zudem sie hierin die übrigen Teutschen übertreffen. Sie sind von Natur zur Faulheit geneigt.

(1505)

W*as hier die*
Leute quatschen,
ist unheimlich.
ROBERT WALSER
(BRIEF AUS BERLIN, 1908)

Wind, Hunger und Frechheit
Georg Friedrich Rebmann

Überhaupt ist Hang zu Vergnügen und Betäubung und zu äußerm Glanz eine der vorzüglichsten Eigenschaften der Berliner, ein Hang, den sie selbst auf Kosten ihres Magens befriedigen. Um ein Kleid nach der Mode, um einen Kopfzeug nach der neuesten Erfindung tragen, um Komödien, den Tiergarten und Charlottenburg besuchen zu können, isst so manche Familie zu Mittage die trocknen Erdäpfel, und selbst Dienstmägde behelfen sich in der Woche kümmerlich und verdienen sich nebenbei – ein Taschengeld, um am Sonntag die rauhe Hand unter dem seidnen Handschuh verstecken und allenfalls im Moabiterland mit ihren »lieben Jungen« sich einen guten Tag machen zu können. Bloß im alten Berlin sind noch echte Bürgerfamilien nach dem Schrot und Korn ihrer Eltern und Elterväter anzutreffen, die ein gottseliges Leben führen in Zucht und Ehrbarkeit und ihre bürgerlichen reinen Sitten mitten in der allgemeinen Verdorbenheit erhalten haben. Im übrigen ist der Charakter des Berliners à la mode – Wind und Hunger, übertriebener Stolz, falscher Patriotismus und Frechheit.

Wenn ich dies zum allgemeinen Charakterzug des Berliners à la mode angebe, so wirst du schon ohne Bemerkung einsehen, dass hier Ausnahmen genug stattfinden, und dass ich hier hauptsächlich die Klasse vom Sekretär und Referendar bis zum Friseur hinab vor Augen habe, die sich auf Promenaden und in Tabagien herumwirbelt, und aus dieser Ursache dem Beobachter am meisten vor Augen kommt – die windige Klasse von Wüstlingen höherer Klassen mit eingerechnet. Dass die moralische Verdorbenheit einer Stadt mit ihrer Größe gleichen Schritt hält, ist wohl eine nicht zu bestreitende Wahrheit, und Berlin – beweist sie dem augenscheinlich, der noch daran zweifeln sollte.

Von dem außerordentlichen Hang zu Vergnügungen zeugt auch die unzählige Menge von Tabagien, die selten leer stehen. Von den Gästen kannst du im Durchschnitt immer annehmen, dass jedermann um Zweidrittel niedriger steht, als du ihn seiner Kleidung und seinem Air nach ansiehst und um Zweidrittel mehr verzehrt, als er seinem Beutel nach verzehren sollte.

Erlaube mir einige Beobachtungen anzuführen, die du gewiss richtig finden wirst, wenn du je hierher kommen solltest.

Der Berliner verzehrt und verschwendet gern, wohlgemerkt, wenn es sein Beutel erlaubt. Dafür verlangt er aber eine geschwinde und gute Bedienung, die Erlaubnis, alles zu kritisieren, was ihm nicht gefällt, nach Befinden auch zu lärmen, wenn es ihm einfällt, und eine gewisse Nettigkeit und Ordnung, die du auch in den geringsten Tabagien nie vermissen wirst. Was aber in höhern Ständen Ungezwungenheit und freier Ton ist, artet im mittleren und niedern Stand in Frechheit aus, und wenn man in den feinern Gesellschaften Zweideutigkeiten liebt, so reißt man weiter hinab – Zoten.

Die Sprache des Berliners, selbst der höhern Stände, hat etwas gewisses, das sich zu dem windbeutelnden Ton, der hier noch öfter Affektation als Natur ist, trefflich schickt. Vom Militär entlehnt der Fanfaron Flüche und putzt damit sein dat und wat aus. Dass man hier sie statt ihnen, mir statt mich sagt, ist bekannt, und im ganzen kann man immer annehmen, dass ein Dativ stehen muss, wo der Berliner den Akkusativ setzt und so wieder umgekehrt.

Diese Unrichtigkeiten in der Sprache sind schon vielen Reisenden aufgefallen, ich weiß aber nicht, ob eine andere Bemerkung von mehrern gemacht wurde. Es sind nämlich in ganz Berlin unter zehn Aushangschildern der Buchhandlungen, Buchdruckereien, Kauf- und Kramläden und dergleichen zuverlässig nicht zwei richtig geschriebene anzutreffen. Überall sind Fehler gegen die Wortsetzung, gegen die Rechtschreibung in ungeheurer Menge anzutreffen. Dies ist im Grund freilich

unbedeutend, allein doch immer seltsam, da doch so viele gute
Schulanstalten in Berlin sind, da Moritz und andere Gelehrte
so viel zur Verbesserung der Sprache getan haben, und man
selbst in geringeren Städten bei Leuten, die sich mit Verferti-
gung dergleichen Schilder abgeben, die Fähigkeit findet, drei
oder vier Worte richtig zu schreiben.

Dass der gemeine Berliner über seine Regierung und Polizei
schon zu Friedrichs des Großen Zeiten nicht schüchtern, sondern zu Zeiten übertrieben frech urteilte, ist bekannt.
(1793)

Aber, unter uns gesagt, je öfter
ich Berlin sehe, je gewisser wird es mir,
dass diese Stadt, so wie alle Residenzen
und Hauptstädte, kein eigentlicher
Aufenthalt für die Liebe ist. Die
Menschen sind hier zu zierlich, um
wahr, zu gewitzigt, um offen zu sein.
Die Menge von Erscheinungen stört das
Herz in seinen Genüssen, man gewöhnt
sich endlich in ein so vielfaches eitles
Interesse einzugreifen, und verliert am
Ende sein wahres aus den Augen.
Heinrich von Kleist
(Brief an Wilhelmine von Zenge,
August 1800)

VOR DEN HÜHNERN ZU BETT
Iwan Turgenjew

Ich soll Neuigkeiten aus Berlin melden. Was kann man aber von einer Stadt erzählen, wo die Leute um 6 Uhr morgens aufstehen, um zwei zu Mittag essen und lange vor den Hühnern zu Bett gehen? Wo um 10 Uhr abends nur noch bierschwere Nachtwächter melancholisch durch die leeren Straßen schleichen, höchstens mal ein radaulustiger, angesäuselter Bürger vom Tiergarten her heimwärts wandelt und am Brandenburger Tor gewissenhaft seine Zigarette auslöscht, in stummer Ehrfurcht vor dem Gesetz! Doch Spaß beiseite – Berlin ist noch immer keine Hauptstadt, zumindest fehlt das hauptstädtische Leben ...

(1. März 1847)

KEIN EINLASS OHNE VERHÖR
Sinclair Lewis

Die vier großen Rätsel des Lebens im Nachkriegsberlin, die auch durch die eifrigsten historischen, nationalökonomischen und theologischen Forschungen nicht erklärt werden können, hängen insgeheim mit den Wohnhäusern zusammen und lauten: Warum kann kein Gast nach acht Uhr abends Einlass in ein Wohnhaus finden, ohne einem Verhör unterzogen zu werden? Warum sind die Fahrstühle immer versperrt, so dass kein Gast sie benutzen kann? Warum sorgt kein Berliner Hauswirt für moderne Schlösser, sondern zwingt seine Mieter, ein Bund Schlüssel zu schleppen, deren Größe sich nur mittelalterlichen Kirchenschlüsseln vergleichen lässt? Warum weigern sich die Hauswirte, die hunderttausend Mark für ein Marmortreppenhaus (mit hübschen Goldkanten und Mosaikeinlagen) ausgegeben haben, eine Mark für jede Nacht auszugeben, damit der Flur anständig beleuchtet ist? Die Treppenhäuser sind dunkel; sie sind sehr dunkel. Man kann Licht machen, indem man auf einen Knopf drückt, der für einige Zeit Beleuchtung liefert, aber in der ganzen Geschichte Berlins ist nicht bekannt geworden, dass diese Beleuchtungszeit auch nur einmal so lange gedauert hätte, dass man vom Erdgeschoß bis zum obersten Stockwerk kommen kann.

(1930)

D*as Grausenerregende, Schreckliche wird gewagt: Wohnen in Berlin.*
KARL GUTZKOW (1869)

Gegenfüssler
Johann Friedel

Der Berliner, wie ich es sehe, hat nun einmal den Grundsatz angenommen, jedem Fremden durch seine Gastfreiheit zuvorzukommen. Er sucht darin einen wesentlichen Teil seines Vergnügens, wenn er in der Gesellschaft eines Engländers, Franzosen, Wieners, Polen und eines Russen die Schönheiten seiner Stadt und die Vorzüge seines Landes zu entziffern Gelegenheit hat. Wirklich, mit solcher Bereitwilligkeit und solch einem gefälligen Eifer jedem Fremden Unterhaltung zu verschaffen, habe ich noch keine Nation gekannt als den Brandenburger, und unter diesem wieder vorzüglich den Berliner.

Es ist zwar dieser Charakter immer ein auszeichnendes Verdienst der Nation. Ich glaube aber nicht zu irren, wenn ich den Grund dieser Gefälligkeit aus dem Zusammenflusse all der verschiedenen Nationen herleite, die hier – und vielleicht auf dem ganzen Erdboden hier alleine – so freundschaftlich, so eng ineinander verwebt leben.

Sie finden hier, Freund, aus allen Zonen der Erde Menschen. Viele von diesen lockte der Reiz des Landes und schlugen ihre Hütte in diesen glücklichen Fluren aus Wahl und Geschmack auf. Ist es ein Wunder, wenn dann der Hierländer anfängt, gefällig gegen den Fremdling zu werden, da er sieht, mit welcher innigen Zuneigung und Zufriedenheit sich der Ausländer zu ihm drängt?

Der Berliner ist gerade der Gegenfüßler von unsern Narren. Von den Schönheiten seines Landes, den großen Vorzügen seines weisen Friedrichs und seiner idealischen oder wirklichen Glückseligkeit in der ganzen Seele überzeugt, setzt er sein größtes Vergnügen darein, alle ausländischen Vorzüge und Schönheiten nach denen seines Landes abzuwiegen, überall

sich zum Maßstab gegen Fremde zu wählen und zum Resultate seines weiten Vorsprungs in allem aufzuspüren.
(1782)

Nun ist aber das Gefühl
nicht die starke Seite der Berliner,
wohingegen sie sich einbilden,
das ganze Menschengeschlecht in
Intelligenz und Ideen (die neuesten
Modenamen für Verstand und
Vorstellungswelt) zu übertreffen,
aus welchem Grunde auch der eine
oder der andere Spötter ihre flachen
Sandwüsten in das Land der
Intelligenz umgetauft hat und damit
die beste Parodie auf den abstrakten
Begriff einer Intelligenz ohne Natur
und ohne Wurzeln machte.
Per Daniel Amadeus Atterbom
(1817)

Wenn der Berliner lästig wird
Heinrich Laube

Man vermisst in Berlin mit Recht und gutem Grunde die voll-
saftige, gemütliche Menschenart Süddeutschlands, die Gesellschaft, wo der Mensch nicht mehr sein will als eben er selbst,
wo man nicht gemacht zu sein braucht oder geistreich oder von
wichtiger Stellung, um gerne gesehen zu werden. Allerdings
begegnet man hier oft jenem weißblütigen Elemente, das man
bloß Verstand, Geist oder gar Raffinement nennt und das eigentlich unschöpferisch ist. Es ist aber fast immer so in der Welt
gegangen: der energische Verstand, dem man die Zeugungs-
kraft abspricht, hat in politischen Dingen stets die Führerrolle
an sich gerissen, soviel auch die Professoren dagegen sagen mö-
gen. Die Römer waren die energischen Verstandesmenschen,
die Griechen waren nur sehr kurze Zeit eine Macht.

Dergleichen sei eine Tröstung, wenn der eigentlich unschöp-
ferische, aber schneidende, dreiste und absprechende Berliner
lästig wird. Ein Bajonett des schnellsten, willkürlichsten Urteils
geht durch alle Berliner, und in gewisser Art sind sie eigentlich
auch alle Soldaten. Sie greifen alles an.

(1837)

GASSENJUGEND, FISCHWEIBER UND WITZBOLDE
Ernst Dronke

Die Berliner Gassenjugend ist die keckste und ungezogenste in ganz Deutschland, und unter ihr nehmen die Jungen der Schornsteinfeger den ersten Platz ein. Die barbarische Sitte der neueren Zeit, schmale und enge Schornsteine zu bauen, in die man nur Kinder hineinschicken kann, hat diesem Gewerbe einen großen Zuschuß von armen Kleinen verschafft, welche ohnehin keine Erziehung genossen und in diesem Beruf vollends ausarten. Man sieht ganze Truppen dieser kleinen, schwarzen Brut durch die Straßen ziehen, gewöhnlich von einem einzigen Gesellen geführt, der als Unterscheidung oder Auszeichnung seinem Rang gemäß einen Hut trägt. Die Vorübergehenden, namentlich Frauen, weichen ihnen aus, denn die Ausgelassenheit dieser kleinen Bengel überschreitet alle Begriffe. Bei all ihren Ungezogenheiten leuchtet jedoch unverkennbar eine Art genialen Humors durch, und es ließen sich Bände damit füllen, wollte man die wirklich oft treffenden und derben Witze aufzeichnen, mit denen sie ohne Unterschied der Person alle Vorübergehenden überschütten. Die Fischweiber, denen man ebenfalls den Witz usurpieren möchte, besitzen bloß eine Derbheit, die sich oft in die gediegenste Grobheit und Gemeinheit verliert, und ich rate es keinem, sich um einen Witz an diese Weiber zu wenden.

Der Berliner Witz ist tot, auch seinem Rufe nach, bezeichnend aber ist es, wodurch er zu Grabe getragen wurde. Der Witz sollte politisch werden, wie die ganze Richtung Berlins eine politische ist. In Deutschland jedoch bietet sich in Ermangelung eines öffentlichen politischen Lebens nur wenig oder gar kein Anhaltspunkt dafür, und die Teilnahme, welche der früher harmlose Witz auf Kosten der Eckensteher und Guckkästner im allgemeinen fand, konnte dem politischen Witz nur geheim, bei wenigen, festlichen Gelegenheiten zugute kommen. Er wurde trocken, nicht allgemein das Leben, sondern exklusiv die Politik betreffend, und das war sein Tod. Aus der Richtung und dem Wesen des Berliner Witzes lernen wir jedoch ein Element des Berlinertums kennen, dass es nämlich nichts, auch ohne Unterschied nichts unbespöttelt lässt. Die Kritik, das Negieren jeder Autorität, ist, wenn irgend etwas, ein Charakterzug Berlins. Nichts ist ihr »heilig«, alles wird erst geprüft, kritisiert und dann mit einem Witzwort »abgetan«. Damit ist es aber auch alsdann vorbei. Hat der Berliner etwas belacht, so »existiert es nicht mehr« für ihn. Er setzt sich mit Gleichmut darüber hinweg: und stände es ihm vor der Nase, es hat keine Existenz mehr in seinen Augen. Aber die Macht der Ironie ist in dieser Stadt auch eine allgemeine. Welche schönen Entwürfe, welche prächtigen Pläne, welche großartigen Unternehmungen sind schon verpufft, weil ein Witzbold dieselben durch ein Zeitungsinserat dem öffentlichen Gelächter preisgegeben!

(1846)

NERGELNDER WITZ
Theodor Storm

Das Berliner Wesen, wie Sie es schildern, habe wenigstens ich
bei meinem letzten Aufenthalte nicht empfinden können; man
hat sich fast überall, und namentlich im Kreise Ihrer Bekannten, des Fremden fast mehr als gastfreundlich angenommen.
Gleichwohl ist in der Berliner Luft etwas, was meinem Wesen widersteht, und was ich zu einem gewissen Grade zu erkennen glaube. Es ist, meine ich das, dass auch in den gebildeten Kreisen man den Schwerpunkt nicht in der Persönlichkeit,
sondern in Rang, Titel, Orden und dergleichen Nipps legt, für
deren auch nur verhältnismäßige Würdigung mir, wie wohl
den meisten meiner Landsleute, jedes Organ abgeht. Es scheint
mir im Ganzen die »goldne Rücksichtslosigkeit« zu fehlen, die
allein den Menschen innerlich frei macht, und die nach meiner Ansicht das letzte und höchste Resultat jeder Bildung sein
muss. Man scheint sich mir in Berlin mit der Geschmacksbil-
dung zu begnügen, mit der Rücksichtnahme auf alle Faktoren
eines bequemen Lebens ungestört bestehen kann, während die
Vollendung der sittlichen, der Gemütsbildung in einer Zeit, wie
die unsre, jeden Augenblick das Opfer aller Lebensverhältnisse
und Güter verlangen kann. Ich hasse nicht die Schärfe, aber ich
hasse die Schärfe, wo sie nur nergelnden Witz hervorbringen
kann statt Zorn und Begeisterung.
(Brief aus Husum an Theodor Fontane,
27. März 1853)

Übergrosse Kritiklosigkeit
Carl Einstein

Diese Stadt wurde mit ihrer Lage an zwei Flüssen, ihrem weiten ebenen Gelände, das mit seinen vielen Seen auf die Industrie wartete, nach dem Krieg zu einem märchenhaften Spekulantenobjekt. Der Bauer von heute war morgen Millionär, und der ärmliche Besitzer von öden Stellen weit draußen wartete nur noch, wann er es auch werde. Eine ungeheure Gier wurde geweckt, der folgerichtig auch die Enttäuschung und der Krach folgten. Und so bildeten sich zwei Eigenschaften des Berliners, die Gier und die Skepsis. Der Zufluss gewitzter und beschwatzter Bauern, das Proletariat der Provinz zogen ein, und eine unerhörte Habgier schwoll an. In kaum einer Stadt wird wohl ebenso sicher wie auch oft phantastisch auf den Geldwert einer Sache geschätzt, und wie lernte man mit Dingen operieren, die noch nicht da waren. Überraschende Sachlichkeit und sonderliche Fähigkeit, Dinge abzuschätzen, entwickelten sich. Zugleich reizten Tausende Baustellen zu Spekulation. Denn nirgends ist die Kunst zu reizen dermaßen notwendig wie in Berlin. Die Kaufleute hatten es doch mit Proletariat zu tun, das, sich selbst misstrauend, aller feineren Erfahrung, jedes subtileren Wunsches entbehrte, und zu Bedürfnissen gleichsam dressiert werden wollte.

So ist der Berliner ohne Weiteres dem plakatierten Neuen nur allhilflos preisgegeben. Diese Urteilslosigkeit und die häufige Enttäuschung machten ihn kritisch, ja frech ablehnend, snobistisch und ungläubig. Einzig eine gesehene, befühlte, notariell beglaubigte Sache vermag ihn noch zu überzeugen. Aber dies sind Folgen seiner übergroßen Kritiklosigkeit.

(1913)

SCHWINDLER
Ernst Dronke

Der Schwindel, der in Berlin mit Sachen aller Art getrieben wird und immer wieder neue Bahnen öffnet, täuscht fortwährend auch die Vorsichtigsten, und gerade diese am allermeisten. Kein Tag vergeht, an welchem nicht einige listige, oft anscheinend in günstigen Verhältnissen lebende Schwindler den Berliner Philister um sein Geld prellen. Unternehmungen fabelhafter Art, besonders aber Häuserspekulationen sind der Köder, mit dem die ehrsamen Spießbürger angelockt werden und nicht selten daran verbluten. Der Häuserkauf ist in Berlin etwas Alltägliches; jeder kauft auf Spekulation und ist in derselben Stunde wieder zum Verkauf bereit, wenn er es nicht schon im voraus getan hat. Diese Leichtfertigkeit des Handels gibt dem Philister eine gewisse Sorglosigkeit, zumal er glaubt, dass er durch Spekulation so solider Art noch am sichersten gehe. Die verschiedenen Weisen jedoch, mit welchen die Gauner bei Unternehmungen dieser Art gegen den Philister zu Werke gehen, sind zahllos. Am gangbarsten aber ist eine, welche trotz so vieler Lehren und Warnungen, die der Philister schon erhalten, noch immer Resultate erschwingt. Es ist nämlich bei allen Kontrakten Sitte, ein Reugeld für den Fall festzusetzen, dass einer der Kontrahenten zurückträte. Dem Philister wird nun mit den besten Empfehlungen ein Kauflustiger vorgeführt, dessen Papiere auch ein bedeutendes Vermögen nachweisen; der Kauf wird unter günstigen Bedingungen stipuliert, der Käufer, welchem sehr viel daran zu liegen scheint, zahlt ein Angeld, bestimmt einen Termin zur Zahlung und setzt ein Reugeld für den Fall des Zurücktretens fest. Die Summe eines solchen Reugelds beläuft sich nach Umständen auf vierhundert bis eintausend Talern. Ist nun der Kontrakt soweit in Ordnung, so werden plötzlich dem Philister die ungünstigsten Nachrichten über die Verhältnisse seines Käufers überbracht; der Mann erschrickt und lässt sich am Ende lieber zur Zahlung einer kleinen Summe bewegen, statt dass er das Ganze aufs Spiel setzte. Ebenso ist die Aufnahme von Hypothekenmitteln ein Mittel in Berlin, um dem Philister seine Taschen zu erleichtern. Falsche Dokumente, Scheinkäufe u. dergl. sind die Grundlage, auf der die Gauner ihr Unternehmen mit der Unvorsichtigkeit des Philisters bauen; ja vor einigen Jahren kam es in Potsdam vor, dass ein Mann ungeheure Kapitalien auf ein Haus geliehen hatte, welches, wie es sich später ergab, gar nicht existierte.

(1846)

DIE FIXEN LEUTE
Ludwig Thoma

Von meiner Freude an der lauten Großstadt kam ich bald zurück.

Zwar das Berlin, wie es geschäftig war, arbeitete und bei aller Hast und Hetze Ordnung hielt, imponierte mir noch immer; erst in späteren Jahren wurde ich misstrauisch gegen die fixen Leute, die so viel Spektakel mit ihrer Arbeit machten und immer neue, unmögliche Pläne und Ideen am Telephon hatten und sich in der Pose der unter fürchterlicher Arbeitslast Zusammenbrechenden wohl fühlten.

Aber auch schon damals sah ich Berlin, wie es sich unterhielt, mit kritischen Augen an, und es gefiel mir nicht mehr.

Selbst in Abendgesellschaften merkte ich bei den geladenen Gästen, dass sie einander weder Ernst noch Heiterkeit glaubten und sich kühl beobachteten.

Diese Leute waren einander fremd, kaum aneinander gewöhnt und ganz und gar nicht miteinander verwachsen; sie konnten nur nach Äußerlichkeiten urteilen und waren veranlasst, ihre Art nach außen zu wenden, da sie keinen innerlichen Zusammenhang hatten. Vom Berliner Nachtbetrieb wurde oft mit einem gewissen Stolze gesprochen, als wäre in ihm der weltstädtische Charakter sicher gestellt und deutlich zur Erscheinung gebracht. Ich weiß nicht, ob dieses Ziel erreicht wurde, noch weniger, ob es irgendeinen Wert hatte. Ich sah nur dichtgedrängte Haufen von Menschen, die das eine gemeinsam hatten, dass sie sich fröhlicher gaben als sie waren.

Dass der eigentliche, echte, alte Berliner viele Vorzüge habe, wurde mir eindringlich versichert, und ich zweifelte nicht daran, weil ich es durch den verehrten Theodor Fontane schon erfahren hatte, aber in der Völkerwanderung, die nach 1870 von

Osten her einsetzte, wurden die Modelle Glassbrenners stark in den Hintergrund gedrängt. Mir schien, als lebten die Massen neben-, nicht miteinander, und das Auffälligste war gerade das Fehlen alles Charakteristischen.

(1901)

*S*tellen Sie sich ein Genf vor, das
in einer Sandwüste verloren ist, und Sie
haben eine Idee von Berlin.
Es wird vielleicht eines Tages die
Hauptstadt von Deutschland werden,
aber immer wird es die Hauptstadt
der Langeweile sein.
HONORÉ DE BALZAC
(OKTOBER 1843)

Mit ihrer Beschäftigung beschäftigt
Alfred Polgar

Alle Einwohner Berlins sind intensiv mit ihrer Beschäftigung beschäftigt. Alle nehmen sie und sich furchtbar ernst, was ihnen einen leicht komischen Anstrich gibt. Auch die Müßiggänger gehen nicht schlechthin müßig, sondern sie sind damit beschäftigt, müßig zu gehen, auch die nichts arbeiten, tun dies im Schweiße ihres Angesichts. Auf keiner Bank des Tiergartens sitzt ein richtiger Nichtstuer. Er liest entweder oder rechnet im Sand. Was in Berlin Stillstand scheint, ist, näher besehen, doch ein Marschieren, nur eben zeitweilig auf demselben Fleck. Den Berliner, so paradox es klingt, zwingt das Gesetz der Trägheit, rührig zu sein. Während mein Freund Siegfried Jacobsohn, der gefürchtete Theaterkritiker, ruhevoll in den sanften Spiegel des Lietzensees blickt, schreibt sein Unterbewusstsein Kritik über das matte Spiel der Wellen. Nicht einmal die Bohème, die, nach dem Untergang ihrer Stammburg, jetzt – ein Pilz, dem die Mauer abhanden gekommen ist – im Exil des »Romanischen Café« schmachtet, hat sich zur Weltanschauung des absoluten Nichts-Tuns durchgerungen. Da haben es also die zugewanderten Wiener schwer.

(1922)

ZART WIE ZELTER
Johann Wolfgang Goethe · Johann Peter Eckermann

Diesen Morgen brachte mir Sekretär Kräuter eine Einladung
bei Goethe zu Tisch. Dabei gab er mir von Goethe den Wink,
Zeltern doch ein Exemplar meiner »Beiträge zur Poesie« zu
verehren. Ich tat so und brachte es ihm ins Wirtshaus. Zelter
gab mir dagegen die »Gedichte« von Immermann. »Ich schenk-
te das Exemplar Ihnen gerne«, sagte er, »allein Sie sehen, der
Verfasser hat es mir zugeschrieben, und so ist es mir ein wertes
Andenken, das ich behalten muss.«

Ich machte darauf mit Zelter vor Tisch einen Spaziergang
durch den Park nach Oberweimar. Bei manchen Stellen erinnerte er sich früherer Zeiten und erzählte mir dabei viel von
Schiller, Wieland und Herder, mit denen er sehr befreundet gewesen, was er als einen hohen Gewinn seines Lebens schätzte.

Er sprach darauf viel über Komposition und rezitierte dabei
mehrere Lieder von Goethe. »Wenn ich ein Gedicht komponie-
ren will«, sagte er, »so suche ich zuvor in den Wortverstand ein-
zudringen und mir die Situation lebendig zu machen. Ich lese
es mir dann laut vor, bis ich es auswendig weiß, und so, indem
ich es mir immer einmal wieder rezitiere, kommt die Melodie
von selber.«

Wind und Wetter nötigten uns, früher zurückzugehen, als
wir gerne wollten. Ich begleitete ihn bis vor Goethes Haus, wo
er zu Frau von Goethe hinaufging, um mit ihr vor Tisch noch
einiges zu singen. Darauf um zwei Uhr kam ich zu Tisch. Ich
fand Zelter bereits bei Goethe sitzen und Kupferstiche italieni-
scher Gegenden betrachten. Frau von Goethe trat herein, und
wir gingen zu Tische. Fräulein Ulrike war heute abwesend,
desgleichen der junge Goethe, welcher bloß hereinkam, um guten Tag zu sagen, und dann wieder an Hof ging.

Die Tischgespräche waren heute besonders mannigfaltig. Sehr viel originelle Anekdoten wurden erzählt, sowohl von Zelter als Goethe, welche alle dahin gingen, die Eigenschaften ihres gemeinschaftlichen Freundes Friedrich August Wolf zu Berlin ins Licht zu setzen. Dann ward über die Nibelungen viel gesprochen, dann über Lord Byron und seinen zu hoffenden Besuch in Weimar, woran Frau von Goethe besonders teilnahm. Das Rochusfest zu Bingen war ferner ein sehr heiterer Gegenstand, wobei Zelter sich besonders zweier schöner Mädchen erinnerte, deren Liebenswürdigkeit sich ihm tief eingeprägt hatte und deren Andenken ihn noch heute zu beglücken schien. Das gesellige Lied »Kriegsglück« von Goethe ward darauf sehr heiter besprochen. Zelter war unerschöpflich in Anekdoten von blessierten Soldaten und schönen Frauen, welche alle dahin gingen, um die Wahrheit des Gedichtes zu beweisen. Goethe selber sage, er habe nach solchen Realitäten nicht weit zu gehen brauchen, er habe alles in Weimar persönlich erlebt. Frau von Goethe aber hielt immerwährend ein heiteres Widerspiel, indem sie nicht zugeben wollte, dass die Frauen so wären, als das »garstige« Gedicht sie schildere.

Und so vergingen denn auch heute die Stunden bei Tisch sehr angenehm. Als ich später mit Goethe allein war, fragte er mich über Zelter. »Nun«, sagte er, »wie gefällt er Ihnen?« Ich sprach über das durchaus Wohltätige seiner Persönlichkeit. »Er kann«, fügte Goethe hinzu, »bei der ersten Bekanntschaft etwas sehr derb, ja mitunter sogar etwas roh erscheinen. Allein das ist nur äußerlich. Ich kenne kaum jemand, der zugleich so zart wäre wie Zelter. Und dabei muss man nicht vergessen, dass er über ein halbes Jahrhundert in Berlin zugebracht hat. Es lebt aber, wie ich an allem merke, dort ein so verwegener Menschenschlag beisammen, dass man mit der Delikatesse nicht weit reicht, sondern dass man Haare auf den Zähnen haben und mitunter etwas grob sein muss, um sich über Wasser zu halten.«
(4. Dezember 1823)

FÜR ALLEINSTEHENDE FRAUEN NICHT BEWOHNBAR
Jules Huret

Von einer Düsseldorfer Dame wurde mir etwas erzählt, das ich mit Vergnügen wahrnahm, denn es änderte meine Meinung über einen wichtigen Punkt in der Psychologie der Deutschen, nämlich was die Zurückhaltung der Preußen, ihre Achtung vor der Frau und allem, was daraus folgt, anbetrifft.

»In Berlin«, sagte sie, »ist es mir unmöglich, meine Töchter allein ausgehen zu lassen, ohne zu riskieren, dass man sie zehnmal auf der Straße anspricht. Es gibt keine zweite Stadt auf der Welt, wo die Frau weniger respektiert wird, sobald sie ohne Begleitung ist. Die Leute dort sind sehr schlecht erzogen. An öffentlichen Orten werfen sie allen Frauen Blicke zu, im Restaurant erheben sie mit einem albernen Blinzeln ihr Glas zu denen hinüber, die vor ihren Augen Gnade gefunden haben. Die Stadt ist für alleinstehende Frauen nicht bewohnbar.«

Ich hatte Gelegenheit, die obigen Behauptungen auf ihre Richtigkeit hin zu prüfen. In der Trambahn sah ich, wie ein Mann, der sich einem jungen Mädchen gegenüber niederließ, diesem alsbald einige Worte zuflüsterte, die ihr das Blut ins Gesicht trieben. Empört stand sie auf und wechselte ihren Platz.

Und als ich meiner Verwunderung über derartige Vorkommnisse Ausdruck geben wollte, erzählte man mir folgendes: Professor Erich Schmidt, der mit doppeltem Erfolg – Erfolg auf dem Katheder und Erfolg als schöner Mann – deutsche Literatur lehrt, kündigte eines Tages sein Kolleg über Goethe als Pornograph an und ersuchte die anständigen Frauen, demselben fernzubleiben. Das Gerücht verbreitete sich, und siehe da, bei der nächsten Vorlesung war der Saal zu klein, die Menge der Hörerinnen zu fassen.

(1909)

Berliner Wildfang
Wochenblatt zum Besten der Kinder

Er geht anders nicht, als mit einem Pöltern, wovon die Fenster klirren. Er wirft die Türen hinter sich ungestüm zu, springt mit zwei Sprüngen die Stube durch bis zur Treppe. Er singt also dabei, aber so, dass man eine Schenke voll Bauren zu hören glaubte. Er pfeift wie ein Fuhrmann. Er springt wie ein wildes Füllen, in lauter schlangenförmigen Wendungen. Er rauscht den Teetisch vorbei und wirft ihn um, was er angreift, bringt er gemeinhin zunichte.

Wenn er seinen Ball wirft, so schlägt er sicher ein Fenster ein, oder er wirft andren ein blaues Auge. Beim Kegelspiele hat er schon mehr als eine Beule gemacht. Er will mit seinen Spielgesellen munter sein, und schleudert sie solange herum, bis er ihnen einen Arm ausrenkt oder ihnen durch einen Wurf Konfusionen am Kopfe und am ganzen Körper verursacht. Er lässt einige Mitspieler zu Bocke stehn und hüpft drüber weg, und man kann leicht denken, dass solches nicht immer ohne Beschädigungen abgehe. Eben diesen Versuch macht er über Zäune oder übereinanderliegende Klötze. Kein Baum ist ihm zu hoch und schlüpfrig, auf den er nicht kletterte.

(1760)

GROB WIE EIN GEFÄNGNISWÄRTER
Jules Huret

Man kann nicht sagen, dass der Berliner ein höflicher Mann sei; ich finde ihn, immer mit Ausnahmen aller jener Leute – wohlverstanden –, die ich zu meinen Bekannten zähle, eher unfreundlich und bärbeißig. Er besitzt das Minimum von Liebenswürdigkeit und Entgegenkommen, das man von gebildeten Menschen zu erwarten berechtigt ist. Die Angestellten werden, kaum dass sie eine Tresse an ihrer Livree haben, anmaßend. Der Trambahnschaffner, in Berlin eigentlich derjenige Beamte, mit dem das Publikum am meisten zu tun hat, ist grob wie ein Gefängniswärter. Jeden Augenblick ist man versucht, ihm im gleichen Tone, wie dem seinigen, zu antworten und ihn mitsamt allen Kollegen nebst den Schutzleuten von Berlin einen Höflichkeitskurs in Köln z.B. durchmachen zu lassen, wo, ungeachtet ihrer Uniform, die höflichen, zuvorkommenden Rheinländer sind.

Ein Typus von Grobheit ist mir in steter Erinnerung geblieben und der keine Ausnahme etwa in seinem Lande bildet, das ist der Chef vom Bahnhof Zoologischer Garten, ein dicker Kerl mit Glotzaugen, im langen, kornblumenblauen Uniformrock mit Goldknöpfen und goldenen Achselstücken, auf dem Kopf eine rote, betresste Mütze. Ist es die Suggestion ihres militärischen Anzuges, die bei diesen Subalternbeamten eine derartige ostentative Überhebung und Barschheit erzeugt? Wenn man bedenkt, dass dieser hier in seinem faschingsmäßigen Aufzug zu nichts weiter da ist, als dem Aus- und Einfahren der Züge zuzusehen, wirkt sein Dünkel, sein Gebaren als überbürdeter, gewichtiger Machthaber lächerlich. Ich habe ihn, des Amüsements halber, beobachtet. Es ist nicht möglich, einem aufgeblaseneren Menschen zu begegnen. Stellt man eine Frage an ihn, würdigt er einen kaum der Antwort und wendet den Kopf nach der andern Seite mit einer Geringschätzung, die einem das Leben verleiden könnte, dächte man nicht daran, dass es noch höfliche, südliche Rassen, gesittet und liebenswürdig, gibt. Niemand hier fällt es ein, an diesen Manieren Anstoß zu nehmen oder nur darauf zu achten, so allgemein ist dieser ungeschliffene Ton.

Wie viele sich ganz einfach vor einem hinpflanzen oder in den Trams einem die Füße zerquetschen, ohne sich zu einer Entschuldigung herbeizulassen, lässt sich nicht zählen. Man darf wohl sagen, fast jedermann tut es, und fast überall geschieht es. Ich spreche hier selbstverständlich nicht von den Salons, immerhin aber von den Wagen erster Klasse und von Hotels ersten Ranges, nicht minder von Theatern.

Und da ich gerade von den preußischen Verwaltungsbeamten erzähle, kann ich nicht umhin, ihrer Ehrlichkeit (von den Kellnern lässt sich ein Gleiches nicht behaupten!), Gewissenhaftigkeit, Pünktlichkeit das wohlverdiente Lob zu spenden, doch muss ich die Bitte hinzufügen, sie möchten sich bei der Ausübung ihrer Pflichten nicht allzusehr gebärden als befänden sie sich bei einer Sauhetze.

(1909)

Im Punkt der Weiber
Berlinische Monatsschrift

In Berlin finde ich überhaupt die Achtung gegen das Frauenzimmer in gehörigen Schranken. Dazu tragen mehr Umstände bei. Dass der König keine Mätresse hat, ist wohl mit ein Hauptgrund. Sein Beispiel wirkt auf Minister und Generale, und so werden Ämter und Rechtssprüche nicht, wie in manchen anderen Ländern, durch Zofen erschlichen. Die größere Ökonomie trägt auch viel bei. Im Punkt der Weiber geht's hier gar nicht großstädtisch her. Sie geben keine glänzenden Feste, wo Prinzen und Marschälle und Gouverneure und Obergeistliche sich drängen. Ihre Vorkammern werden nicht bestürmt, ihre Sofas nicht bekniet; ihr Blick macht nicht selig, ihr Wort stiftet nicht Versöhnung, ihr Wink bringt nicht den halben Hof in Verwirrung. Sie sind elegant, geschmackvoll, hübsch, reizend, man achtet sie, man liebt sie; nur sie kehren die Welt nicht um. Im Grunde ist man hier wohl zu haushälterisch mit Geld und Zeit, um seine Romane so im Großen zu spielen; und der schlichte, gesunde Menschenverstand widersteht noch zu stark den Gallizismen. Vielleicht wirkt selbst die Leichtigkeit der Ehescheidungen etwas mit, die stolzen Gebieterinnen etwas zahmer zu machen. Vorzüglich aber tut es der ernsthaftere und zugleich freie Ton der hiesigen Männer, die sich weder zu faselnden Gecken noch zu girrenden Täubern gut schicken. Freilich gibt's auch hier manche Romanheldin, und ein Kreis junger Stutzer um sie ist dann auch wohl zu finden. Aber im ganzen sind die Mädchen noch züchtig und sittsam, und die Männer lieben häusliche Gattinnen und Mütter. Und so erhalte sie Gott! wünsche ich mit dem Nachtwächter von Ternate.
(1784)

ES FEHLT DIE EDLE LINIE
Karl Scheffler

Für die Dame, die immer ein Produkt aristokratischer Lebensformen ist, die nur da sein kann, wo Gesellschaftskultur, wo
Tradition herrscht, ist Berlin in der Tat kein Boden. Das Sig-
num der Dame ist, nie und in keiner Lage verlegen zu werden; die moderne bourgoise Berlinerin kommt aber aus der
Verlegenheit kaum heraus, wenn sie mit gesellschaftlich Höheren zusammentrifft. Oder es nimmt diese Verlegenheit die
Form der Unverschämtheit und Schnoddrigkeit an. Versucht
die »Madamm« doch zur Dame zu werden, so verwechselt sie
das Damenhafte fortgesetzt mit dem Kokottenhaften. Der Ge-
brauch von Schminke, Puder, teuren Hüten und englisch-fran-
zösischen Kostümen scheint ihr dann das vornehmste Merkmal von Großstadtkultur. Im übrigen ist die Berlinerin brav
und fleißig. Sie ist dafür, dass alles im Hause seine Ordnung
hat, aber sie ist doch nicht eigentlich sauber und adrett. Sie regiert gerne Mann, Kinder und Dienstmädchen; doch versteht
sie das Hausregiment selbst nicht viel anders wie ein Dienstmädchen. Sie sorgt treulich und mit Nachdruck für die Ihren;
aber im Grunde ihres Wesens ist sie kalt und von einer fast
herzlos praktischen Gesinnung. Nicht herzlich, aber sentimental; profan, sachlich und doch affektiert; anspruchsvoll, aber
furchtbar ungebildet. Laut ist sie und selbstbewusst, ist in pro-
vinzmäßiger Weise stolz auf ihr Großstadtdasein und entsetz-
lich materialistisch. Als junges Mädchen ist die typische Mit-
telklassen-Berlinerin niedlich genug. Sie hat einen reinen und
hellen Teint und eine nicht ungraziöse Gestalt. Doch fehlt ihrem Wesen die natürliche Grazie, weil keine natürliche Herz-
lichkeit darin ist. Vielmehr ist selbst in den Töchtern schon eine unhemmbare Lust, alles Reine ins Schmutzige, alles Große

ins Kleine, alles Leidenschaftliche ins Niedere ironisch herab-
zudenken und Gefühlsworte mit scharfen Spottworten zu er-
widern. Über ihr ganzes Wesen ist die spöttische Oberfläch-
lichkeit gebreitet, und es fehlt der äußeren Gestalt sowohl wie
dem inneren Wesen ganz an Stolz und Würde. Über die »Nettigkeit« gelangt sie nie hinaus. Im Blick dieser jungen Mädchen ist Berechnung – »Taxe«, wie ein junger Wiener einmal
sehr richtig sagte. Daneben findet sich dann eine gewisse sla-
wische Hingebung und eine Gefallsucht, die erst anlockt und
dann spröde tut. Auch die Liebe nimmt die Berlinerin vor allem praktisch, wie sie ihr ganzes Leben durchaus rationell lebt.
Sie könnte auch kaum anders bestehen vor dem Geschlecht
von Männern, dem sie sich gegenübersieht. Von edlen Rasse-
zügen ist bei diesem Männertypus nicht entfernt die Rede. An
die einheitlichen Wiener, Londoner und Pariser Männertypen
darf man nicht einmal denken. Germanisches, Romanisches,
Keltisches, Slawisches und Jüdisches ist so durcheinander ge-
mischt, das Rheinländische, Niederdeutsche, Sächsische, Schlesische, Ostpreußische, Märkische und Polnische geht so charakterlos ineinander auf, dass das Resultat jeder Analyse spottet.
Über alle Männerantlitze ist gleichmäßig die Maske des Mate-
rialismus gebreitet. Man sieht es mit erschreckender Deutlich-
keit, dass hinter diesen Stirnen keine höhere Idee, kein von der
Geschichte gleichmäßig erzogener Wille wohnt, dass alle schönen Gefühle im Winterschlaf der Zeit liegen, dass diese Mienen
zerfurcht sind im Erhaltungskampf, abstoßend geworden unter dem Einfluss der Lebensangst und Lebensgier, geschwollen
und verknittert unter den Antrieben eines heftigen Sklavenwil-
lens. Es fehlt den Stirnen das Merkmal freier Gedanken, den
Profilen die edle Linie herrschender Kraft, den Augen die kla-
re Sicherheit des duchaus guten Gewissens, den Mündern der
wohlgestalte Schwung, den das geistbelebte Lächeln gibt. Alles
ist gekrümmt, nach unten gezogen und gerunzelt; jede Mie-
ne droht, lauert, misstraut, giert oder schmatzt. Unter der bü-

rokratischen oder soldatischen Korrektheit des Blickens schaut die Starrheit der Ideenlosigkeit hervor, und selbst aus der Bonhomie noch klingt Militarismus hervor. Mehr als neun Zehntel dieser ganzen Großstadtbevölkerung machen den Eindruck hoffnungsloser Subalternität. Man findet weder rechte Zutraulichkeit noch vornehme Reserve. Nicht eine Ader vom geborenen Gentleman hat der moderne Berliner. Es ist einem zuweilen, als bestände die ganze männliche Einwohnerschaft nur aus Bauunternehmern und deren Gehilfen. Die meisten blicken, als müssten sie sich in jedem Moment gegen etwas wehren; und alle lassen sich gehen wie Menschen, die auf gute Haltung etwas zu geben noch nicht gelernt haben.

Von früh bis spät rennt ein überarbeitetes Kolonistenvolk durch die Gassen, das von Würde nichts weiß.

(1910)

Herrgottsakrament hier kann man irrsinnig werden. Keine Seele, mit der ein Wort möglich wäre. Von welchen Gesetzen diese Stadt regiert wird, werde ich nie verstehen.
CARL STERNHEIM
(BRIEF AN THEA STERNHEIM,
27. JANUAR 1911)

Geborener Berliner
Frank Wedekind

Ich kehre zum Nachtessen nach Hause zurück, fühle mich sehr vereinsamt, schlafe nach dem Abendbrot bis gegen elf und gehe darauf noch zu einer Maß ins Pschorr. Auf dem Rückweg sehe ich zwei nette Mädels in ziemlich angeheiterter Stimmung zum Spaten heraustreten. Bei einem alten Bettler machen sie halt, und wie ich vorbeikomme, treten beide auf mich zu, ich möchte doch diesem alten Herrn etwas geben. Einige Herren, die dicht hinter mir kommen, halten sie ebenfalls an, und zwar auf das Allerliebenswürdigste mit einem kleinen Anflug von Zungenschlag. Der Alte ist selig und stammelt ununterbrochen: Ich bin ein geborener Berliner. Ich bin ein geborener Berliner. Jeder der Angehaltenen zieht seinen Beutel und nimmt dafür einen angenehm originellen Eindruck mit nach Haus. (Berlin, 1. Juli 1889)

Wie wir so sind
Sling

Von einer sehr unbeliebten Nation kann man wohl behaupten, dass sie eines nicht sei: kokett. Unter den Deutschen sind wir Berliner die unbeliebtesten. Wir gehen allen anderen auf die Nerven. Wir wissen das, ändern aber nichts an unserem Betragen. Denn wir haben keine Lust, uns zu verstellen. Das ist unsere Tugend.

Wir sind immerhin stolz und bewusst genug, um darüber unterrichtet zu sein, dass wir eine Reihe ausgezeichneter Eigenschaften haben. Aber wir tragen sie nicht wie Sandwichmen auf Brust und Rücken. Wir überlassen es den anderen, unsere Tugenden zu finden. Dass diese sie nicht einmal suchen, spricht nur gegen die Intelligenz der anderen. Wären diese Leute wirklich klug, würden sie lieber mit angenehmen als mit unangenehmen Menschen zusammensein. Sowie sie aber unseren guten Eigenschaften auf die Spur kommen, wenden sie sich ab, sie können es nicht ertragen, dass wir (neben allem anderen) auch noch liebenswürdig sind. Eines unserer Hauptverdienste ist, dass wir Berlin bewohnen. Das ist sozusagen eine Last, die wir für die ganze Nation auf uns genommen haben. Anstatt uns dafür auf den Knien zu danken, sagt man uns ins Gesicht, Berlin sei scheußlich, und wir seien daran schuld.

Der Berliner aber ist bis zu dem Grade wahrheitsliebend, dass er ebenfalls behauptet, Berlin sei scheußlich – was wiederum nur auf seinen Mangel an Koketterie zurückzuführen ist. Jeder Einwohner von Neustadt an der Knatter oder ähnlichen Metropolen ist überzeugter von den Schönheiten seiner Heimat als der Berliner von den Vorzügen seiner Vaterstadt. Deshalb wurde auch nichts aus Neustadt, wohingegen Berlin – ich würde es loben, wenn ich nicht Berliner wäre.

Den äußersten Mangel an Koketterie zeigt der Berliner in seiner Behandlung der deutschen Sprache. Man beachte nicht nur Gespräche von Müllkutschern, sondern etwa das Frühlingsgezwitscher der Berliner Schulmädel. Mit dem Ausdruck einer gewissen Übelkeit werden die Worte herausgequetscht und auf das Straßenpflaster geworfen, von den Straßenfegern zusammengekehrt. Ein unerhörtes Temperament tut sich kund, das kein anderes Objekt hat als die deutsche Sprache. Die Beinchen sind krumm vom Asphalt, die Augen stumpf von den hohen Häusern, die armen Händchen greifen in die dicke, von Industrie geschwängerte Luft. Jedes Rasenplätzchen eingezäunt – und meist zu weit entfernt für die spärliche Freistunde. Das Kleidchen muss geschont werden, die Stiefel nicht minder, und sogar die Schürzen haben die Aufgabe, sauber zu sein. Was nicht immer gelingt. Das einzige, womit das Berliner Kind machen kann, was es will, ist die deutsche Sprache. Wir kennen die Folge.

(1921)

KULTUR & SITTEN

Wer hockt auf den besten Plätzen?
Hardy Worm

Ich soll über Berlin schreiben. Das ist nicht schwierig, aber es ist eine undankbare Aufgabe. Ich soll leicht verständlich schreiben. Das ist schon schwieriger. Ich würde viel lieber über Städte schreiben, die ich nicht kenne. Die erscheinen mir viel schöner. Ich bilde mir ein, dort etwas zu finden, was ich in Berlin vergeblich suche: so etwas wie Kultur! Berlin hat keine Kultur, noch nicht einmal eine verlogene. Weder in seinen Salons noch in seinen Konzertsälen. Weder in seinen Vortragsräumen, wo Söhne und Töchter gutsituierter Eltern den Ausführungen irgendeines Menschlichkeitsapostels, der in Wirklichkeit nur ein »ausgekochter Christus« ist, lauschen, noch in seinen Skatclubs, die sich fast alle »Kulturliga« nennen. Weder bei Minister Soundso noch bei Schulzes oder Meyers. Überall Brutalität ohne Mut zur Offenheit. Also Hinterlistigkeit, versteckte Gemeinheit. Immer: ein Schießen aus dem Hinterhalt. Berlin hat keinen Elan, keine Angriffsfreudigkeit. Es herrscht eine stickige, eine staubige Atmosphäre. Eine Müdigkeit, die ihre Ursache hat in der Sterilität der sogenannten führenden Geister.

Gehen wir zum Beispiel in die Nachtbars. Gehen wir nun schon mal dorthin, wohin man als Berliner gehen muss, wie die langweiligen, stillosen, kitschigen Berliner Zeitschriften behaupten – überall grinst uns diese Leere an, die man mit Flitterkram zu verdecken sucht. Da sitzen junge und alte Menschen mit sehr viel Geld. Sie haben's von ihren Eltern, oder sie haben's erschoben. Sie haben die feinsten Kleider an, aber sie passen nicht hinein. Sie werfen mit Geld umher, aber es imponiert durchaus nicht. Sie sprechen über alles, aber sie wissen nichts. Sie sind nicht dekadent – ach, wären sie's nur! –; sie sind dumm und wollen das mit Blasiertheit verdecken. Mit einem

Wort: die Leute, die in Berlin den Ton angeben, sind langweilig und steif. Über die zu schreiben, überlasse ich meiner speziellen Freundin, der Hedwig Courths-Mahler.

Gehen wir ins Theater. Wer hockt auf den besten Plätzen? Wer räuspert sich laut und knattert mit Papier? Wer pfeift auf dem Korridorschlüssel und unterhält sich während der Vorstellung über den neuen Hut der Frau Bauer und über das Privatleben der Schauspieler? Immer diese aufgeschwemmten Gestalten mit den Parvenümanieren, jene, die den Logensitz mit einem seidenen Tüchelchen abwischen und nachher mit dem Finger in der Nase bohren. Und sie bemühen sich auch gar nicht, anders zu werden. Sie haben ja Geld. Wozu brauchen sie da noch Bildung? Wozu Geist, wozu Schliff? Haben sie sich etwa darum mit Konjunkturwaren herumgeplagt, um sich auf ihre alten Tage noch mit Dingen zu beschäftigen, gegen die sie seit ihrer Jugend einen tiefen und ehrlichen Abscheu hegten? Ihr Vermögen gibt ihnen ein Gefühl der Sicherheit. Sie fühlen sich nicht getroffen, wenn man ihnen die Peitsche der Satire um die Ohren haut; sie lachen und freuen sich über Chansons, die gegen sie gerichtet sind. Nur dann werden sie ängstlich, wenn auf der Straße Handgranaten krachen. Dann zittern sie um ihren Geldsack, um ihr Leben. Dann ziehen sie sogar noch den Rock aus und zeigen sich in ihrer schmierigen Unterwäsche.

Es ist, wie gesagt, eine undankbare Aufgabe, über Berlin und die Berliner zu schreiben.

(1927)

AUF ALLEN SEITEN KRACHT ES
Karl August Varnhagen von Ense

Unser Kunstwesen zeigt seine Hohlheit immer bedenklicher, auf allen Seiten kracht es, senkt es sich, berstet es. Von allen Seiten sieht man sich nach Hilfe um. Die Künstler klagen, dass sie nichts verkaufen können, die Schüler schmälern den Erwerb der Meister, die Liebhaber behaupten, dass die gekauften Bilder dunkeln und schlecht werden. Der gemachte Enthusiasmus will nicht mehr vorhalten. Hört man ein Urteil, so ist es sicherlich der Widerhall einer Stimme vom Hofe her. Die Kunstschreiber stehen auch unter diesem Einfluss. Ganz Berlin lässt sich sein Urteil von einigen Leuten machen, die vielleicht einige Kenntnis, aber wenig Geschmack und dafür sehr viel Anmaßung haben.
(17. Dezember 1836)

Man tut ihm zuviel Ehre, *wenn man von Berlin das deutsche Licht und jedes edlere Streben ausgehen lässt. Nein, vom Süden und aus der Mitte Germaniens kam deutsche Kraft und jede edlere Bildung.*
ERNST MORITZ ARNDT
(1805)

Je schrecklicher, desto mehr Beifall
Per Daniel Amadeus Atterbom

Die Oper ward diesmal mit einem hübschen Prolog in achtzeiligen Stanzen von Helmina von Chézy, die sich gegenwärtig hier aufhält, eröffnet; die Verse waren zu Ehren der Prinzessin Charlotte, die sich am selben Abend in Petersburg mit dem Großfürsten Nikolaus vermählen sollte, verfasst und wurden von der jungen und schönen Madame Stich mit wohllautender Stimme und ausgezeichnetem prosodischen Feingefühl deklamiert. Hierauf war das berühmte Gesangstück »Pygmalion« von einer fremden Virtuosin, der Madame Sessi, vorgetragen, die aber nach meinem Geschmacke widerlich sang, obschon sie von den meisten Zuhörern für ein Nonplusultra der Sängerinnen angesehen zu werden schien. Es ist wahr, sie besitzt eine wunderbar kräftige Stimme, mit der sie, trotz des Rauhen und Harten in derselben, einen erstaunlichen Galopp und Triller nach dem anderen hervorbringt. Doch ich verstehe mich auf keine andere Gesangskunst als »il cantar che nell' anima si sente« – und diese besitzt sie nicht. Aber – ihr war ein großer Ruf vorausgegangen, und je schrecklicher sie gestikulierte und schrie, desto mehr verpflichtet schien sich die Menge zu halten, ihr Beifall zu rufen und zu klatschen. »Tout comme chez nous«, dachte ich bei dieser Gelegenheit, die das Berliner Theaterpublikum in meiner Vorstellung bedeutend herabsetzte. (1817)

NIE ZUFRIEDEN
Felix Mendelssohn Bartholdy

Was ich Dir nun endlich von Berlin zu melden hätte, ist wenig und nicht erfreulich, die Leute sind kalt, maliziös und setzen eine Ehre darin, nie zufrieden zu sein; als die Sontag sogar neulich auftrat, wurde sie am ersten Abend mit ziemlicher Kälte und mit sichtbarer Zurücksetzung gegen andere Mitwirkende aufgenommen, ihre Schwester, die am anderen Abend erschien, wurde fast ganz ausgezischt. Darauf rächte sich nun die Gegenpartei, und beim nächsten Auftreten (in Othello) wurden wieder alle Mitwirkenden ausgezischt und die Sontag hervorgerufen; zugleich sprechen, denken und tun sie nichts anders als die Sontag und die Parteien für oder wider sie. Ist denn aber solches Parteibilden die Sache eines vernünftigen und teilnehmenden Publikums, und verdirbt es nicht jeden Genuss am Kunstwerk und jede Freude für den Künstler? So sind sie aber im großen wie im kleinen … Gott wird's bessern, wenn er einmal nichts weiteres zu tun hat, doch fürchte ich, er bekommt jetzt anderswo so viel zu reformieren, dass die Berliner noch lange nicht drankommen werden; einstweilen sind sie also gut genug.
(9. April 1830. Henriette Sontag: eine der berühmtesten Sängerinnen ihrer Zeit.)

HEUCHELEI

Karl Mendelssohn Bartholdy

So zerrissen liegt unser Vaterland da, wo verweilte das Auge mit Freude, wenn es Deutschlands äußere Stellung mustert?

Und nun nach innen – wie trübselig steht's mit Keuschheit, Sitte, Gottvertrauen. Man heuchelt zwar jetzt, mehr als sonst, eine Frömmigkeit, besonders bei uns, aber das ist nur der äußere Schein, im Geheimen treiben alle Laster ihr schamloses Spiel. Glaubst Du, dass diese heilige Osterzeit, die ernsten Erinnerungen, die in jedes Menschen Brust an ihr haften müssten, etwas bessern, die Sünden einschränken, aufheben wird? Man sieht hier die Kirchen vollgepfropft von Menschen, am Karfreitag wandert halb Berlin, weil es keine öffentlichen Vergnügungen gibt, aus Langeweile in die Passion von Bach, von der keiner etwas versteht, und aus der sie vor dem Ende gähnend herausgehn. Lass Dich nicht durch den Anschein täuschen, das ist bloß jetzt Mode zu frömmeln, in die Kirche zu gehen, sich ein heiliges air zu geben, der innere Mensch ist nicht besser, durch Heuchelei nur verschlimmert. So ist es in Berlin.

(11. April 1855)

ALS DEMPSEY DIE BERLINER SAH
Sling

Der Boxmeister Dempsey ist nach Berlin gekommen, um unsere Museen zu besichtigen. Die Berliner sind zum Bahnhof Zoologischer Garten gepilgert, um Dempsey zu sehen. Als Dempsey die Berliner sah, setzte er sich rasch in ein Auto und fuhr in sein Hotel.

Von der Leidenschaft des Boxmeisters für Kunst durfte man sich eine geradezu ins Schwindelhafte erhöhte Besuchsziffer unserer Museen versprechen, unter der Voraussetzung, dass jemand angekündigt hätte: Dempsey elf bis zwölf Kaiser-Friedrich-Museum, zwölf bis eins Nationalgalerie und so weiter. Bei dem Besuche Tausender wäre es nicht ohne einen versehentlichen Seitenblick auf Rembrandt und Konsorten abgegangen. Die Kunst hätte nichts davon gehabt, aber Dempsey hätte bei seiner Heimkehr den Reportern erzählen können: »Erstaunlich ist das Interesse der Berliner für die Kunst. Diese Berliner füllen zu Tausenden ihre Museen dergestalt, dass ich kein einziges Bild zu sehen bekam und ich mir mit Mühe einen Weg durch die Volksmassen bahnen konnte. Was mir auffiel, dass diese Berliner, durch deren Reihen ich schritt, alle den Bildern ihre Rückseite zuwendeten. Es ist anzunehmen, dass diese wahrhaften Spreeathener mit Kunst zu getränkt sind, als dass sie es noch nötig hätten, die Bilder mit den Augen zu betrachten. Sie kennen ihre Museen aus dem Effeff, und dennoch flüchten sie sich aus dem Elend ihrer Finanzen immer wieder in die Höhenregionen der Kunst, wo sie von des Tages Mühe und Pein Erholung finden.«

So macht man Propaganda.

(1922)

Und wünsche Berlin zum Teufel
Gottfried Keller

Wenn ich in Berlin mit einem Stücke reüssiere, so bin ich für einige Zeit geborgen, da dies für die meisten kleineren Theater maßgebend ist. Doch habe ich noch eine kritische Zeit bis dahin durchzuwaten, besonders da das Stipendium nun glücklich aufgebraucht ist. Doch tut dies nichts zur Sache; bin ich einmal aus dem Dreck heraus, so werde ich mich freuen, eine gute Zeit an Wind und Wetter gestanden zu haben. Denn meine Maxime ist geworden: Wer keine bitteren Erfahrungen und kein Leid kennt, der hat keine Malice, und wer keine Malice hat, bekommt nicht den Teufel in den Leib, und wer diesen nicht hat, der kann nichts Kernhaftes arbeiten. An sonstigen leidenschaftlichen Erregungen hat es mir auch nicht gefehlt, und dies alles hat mich vor dem geistigen Philistertum bewahrt, welches manchem näher sitzt, als er glaubt, und mich wenigstens schon ganz artig umsponnen hatte.

Berlin hat mir viel genützt, obgleich ich es nicht liebe; denn das Volk ist mir zuwider. Im Winter frequentierte ich einige Zirkel, z.B. den der Fanny Lewald, fand aber das Treiben und Gebaren der Leute so unangenehm und trivial, dass ich bald wieder wegblieb. Hingegen gibt es treffliche Leute, die im Stillen leben und nicht viel Geräusch machen, so wie auch überhaupt hier einen immer etwas anfliegt, was man in kleineren Städten Deutschlands nicht hat. Ein reger geistiger Verkehr, mag er noch so verkehrt sein, regt den einzelnen immer vorteilhaft an. Doch sehne ich mich recht herzlich einmal nach Hause und wünsche Berlin zum Teufel.

(September 1851)

BERLINISCHE FREIHEIT
Gotthold Ephraim Lessing

Wien mag sein, wie es will, der deutschen Literatur verspreche ich dort immer noch mehr Glück als in Eurem französisierten Berlin. Wenn der »Phädon« in Wien konfisziert ist: so muss es bloß geschehen sein, weil er in Berlin gedruckt worden, und man sich nicht einbilden können, dass man in Berlin für die Unsterblichkeit der Seele schreibe. Sonst sagen Sie mir von Ihrer Berlinischen Freiheit zu denken und zu schreiben ja nicht. Sie reduziert sich einzig und allein auf die Freiheit, gegen die Religion so viel Sottisen zu Markte zu bringen, als man will. Und dieser Freiheit muss sich der rechtliche Mann nun bald zu bedienen schämen. Lassen Sie es aber doch einmal einen in Berlin versuchen, dem vornehmen Hofpöbel die Wahrheit zu sagen; lassen Sie einen in Berlin auftreten, der für die Rechte der Untertanen, der gegen Aussaugung und Despotismus seine Stimme erheben wollte: und Sie werden bald die Erfahrung haben, welches Land bis auf den heutigen Tag das sklavischste Land von Europa ist.
(Brief an Friedrich Nicolai, 25. August 1769)

Und wenn Goethe und Molière
in einer Person auf die Welt kämen, vor
diesem Ungeheuer an Stadt, vor diesen
Bestien, die sie bewohnen,
wäre ihr Genie dahin.
CARL STERNHEIM
(19. JANUAR 1910)

FAULES NACHSPRECHEN
Karl August Varnhagen von Ense

Das servile, faule Nachsprechen, das Unterducken unter äußerliches Ansehn, nimmt überhand. Nie herrschte hier, wie jetzt, das Gemeine und Mittelmäßige in der Gesellschaft. Die Ursache ist leicht nachzuweisen. Humboldt nannte vorgestern in seinem Billet Berlin »eine intellektuell verödete, kleine, unliterarische und dabei überhämische Stadt«. Natürlich, wonach richtet sich denn alles? Jede Opposition ist erstickt, jeder Geist wäre eine. Die guten Elemente sind dabei reichlichst vorhanden, aber sie müssen versteckt und unwirksam bleiben.
(26. April 1837)

»How weary, stale, flat, and unprofitable,
Seem to me all the men of this world!«

Dass diese Worte Hamlets mir den ganzen Tag im Kopfe herumgingen, möchte immerhin sein, dass sie aber meiner Stimmung unabweislicher Ausdruck geworden, ist arg und kläglich. In der Tat bin ich nahe daran, mit meinem hiesigen Leben bankrott zu machen. Mit meinem hiesigen, denn die Schuld liegt mehr an Berlin als an mir selbst. Wie ist der Ort durch bekannte Einflüsse zu Grunde gerichtet, auf wenigstens ein paar Generationen hinaus! Einfacher Wechsel kann hier nicht helfen, es muss erst wieder ein Zwischenspiel von Unglück eintreten, um freien Raum zu schaffen. Der ganze Staat ist von hieraus angesteckt, mit Schalheit und Mattigkeit, Verdruss und Langeweile. Humboldt fühlt das auch und klagt schrecklich darüber.

Keinerlei Nahrung bringt mir der Tag, immer ohne Ausbeute kehr' ich heim, und aussäen kann ich auch nichts. Politisches

Leben ist nicht hier, das gesellige haben sie entartet, das literarische niedergedrückt, die Wissenschaft muss in ihren engsten Schranken wie in Klostermauern leben, der Geschmack ist verdorben, das Theater tief heruntergebracht. Soll uns etwa die schöne Gegend schadlos halten? – O Berlin, Berlin!
(7. Dezember 1839)

Die Berliner, wie die Gaskogner, haben häufig die Ausrufer dessen gemacht, was anderswo getan und gemacht war. Es ist auch unmöglich, dass in einem so strenge gehaltenen und gespannten Soldatenstaate je das Genialische und Künstlerische aufblühe, was Lebensfröhlichkeit bei den Menschen will.
ERNST MORITZ ARNDT
(1805)

Die Emanzipierten
Ernst Dronke

Zum Schluss dieser Betrachtung wollen wir eines kleinen Häufleins gedenken, welches der Verachtung der heutigen Moral- und Sittenbegriffe einen äußeren Ausdruck im öffentlichen Leben zu geben sucht. Es sind dies die sogenannten »Freien« oder »Emanzipierten«. Sie begnügen sich nicht damit, die Unsittlichkeit der heutigen Moralitätsbegriffe erkannt zu haben und die veranlassenden Verhältnisse derselben in der ihnen zustehenden Weise zu bekämpfen. Sie wollen vielmehr im öffentlichen Leben beweisen, dass sie darüber »hinaus« sind. Es ist das jener charakteristische Zug des Berlinertums, sich über etwas hinwegzusetzen. Das, was sie in sich, in der Kritik durchgemacht und erkannt haben, gilt ihnen für überwunden, es »existiert« nicht mehr für sie. Dies Negieren einer Existenz, welche, wenn auch verwerflich, doch noch in der Gesellschaft vorhanden ist, muss in dem tatsächlichen Ausdruck des Lebens kindisch und lächerlich erscheinen. Allein die Emanzipierten kehren sich nicht daran, wenn sie mit Philister- und Polizeiwelt in Konflikt kommen, ja, es ist ihnen vielmehr ein erhebender Beweis ihres eigenen »fertigen« Bewusstseins. So sieht man denn in Berlin an einzelnen öffentlichen Orten Frauen sitzen, ihre Zigarren rauchen und Bier, Wein oder selbst ein petit verre trinken. Sie wollen damit keineswegs gegen eine Sitte, welche sie als borniert und philisterhaft erkannt, mit der allgemeinen Waffe des heutigen friedlichen Bewusstseins, der »Demonstration« zu Felde ziehen; es fällt ihnen nicht ein, etwas zu bekämpfen, was für sie nicht existiert. Sie wollen nur ihre innere überlegene »Fertigkeit« zur Schau tragen. Wird ein Emanzipierter oder Freier als Zeuge vor Gericht geladen, so erklärt er dem Inquirenten mit der trockensten Ruhe, dass er die Sache wohl beschwören wolle, und in Erwägung der gesetzlich darauf bestimmten Strafe, den juristischen Begriff des Meineides im Auge halten werde; da er aber über die Ansicht von einem »Gott« hinaus sei, so möge der Inquirent ihm nicht verargen, wenn ihm die Eidesformel ein Lachen abzwinge. Solche Szenen sind in Berlin mehrfach zum Schrecken harmloser märkischer Referendare vor Gericht vorgefallen.

Über die Ehe sind die Emanzipierten ebenfalls tatsächlich hinaus. Entweder leben sie im »freien Verhältnis« oder, wenn sie dennoch aus Rücksichten auf Legitimitäts-, Erbschafts- oder andere Verhältnisse, welche von Beobachtung der Staatsgesetze abhängig sind, den legitimen Eheakt innehalten, so führt doch »Madame« in der Gesellschaft ihren Familiennamen fort. Machen die beiden Gatten einen Besuch, so werden sie gewöhnlich als Herr Schmidt und Madame Fischer angemeldet. Ein Bekannter erzählte mir von der Trauung eines solchen emanzipierten Paares, welcher er beigewohnt, sehr ergötzliche Dinge. Herr und Madame wohnten bereits zusammen, als sie den Geistlichen zur Vollziehung der legitimen Ehe kommen ließen. Beim Eintritt des Pfarrers waren die Zeugen und der Bräutigam anwesend, nur die Braut, welche noch mit ihrer Toilette beschäftigt war, ließ einige Zeit auf sich warten. Als sie endlich kam, sah man dem Geistlichen seine Verwunderung darüber an, dass die Dame weder einen Myrthenkranz noch sonstigen festlichen Brautschmuck trug, sondern im einfachen Hauskleid erschien. Indes begann er die Handlung. Währenddessen benahmen sich die Zeugen in ziemlich auffallender Weise. Der eine, ein bekannter Schriftsteller, lag auf dem Sofa, die Beine über einen vor ihm stehenden Stuhl gestreckt und seinen Schnurrbart streichend; ein anderer stand am Ofen, die Hände in den Taschen und eine verkohlte Zigarre im Mund; die beiden letzten beschäftigten sich an einem anderen Fenster damit, die Vorübergehenden auf der Straße zu betrachten, und kehrten während des ganzen Aktes der Versammlung den Rü-

cken zu. Als es endlich zum Wechseln der Ringe kommen sollte, ergab es sich, dass keiner der beiden Gatten daran gedacht
hatte, diese notwendigen Attribute herbeizuschaffen. Jeder Teil
hatte geglaubt, dass der andere dafür Sorge tragen werde. Da
auch keiner von den Zeugen im Besitz eines Ringes war, so
wurden in Ermangelung eines Besseren zwei Ringe von den
Fenstervorhängen gelöst und hiermit die Handlung vollzogen.
Die jungen Eheleute luden darauf den Geistlichen ein, zu einer »Bowle« bei ihnen zu bleiben, was jedoch der Mann Got-
tes unter dem Vorwand anderer dringender Pflichten ablehnte.
Wahrscheinlich hatte das, was er in den wenigen Augenblicken
hier erfahren, mehr als alle Überzeugung seiner Studien Be-
rufsgedanken in ihm erweckt; wenigstens wurde nach seinem
Scheiden von der Gesellschaft in triumphierender Weise über
die Befangenheit philiströser Anschauung gelacht.

Die Emanzipierten sind übrigens unter sich wiederum sehr
vereinzelt und in kleine Kreise zersplittert.
(1846)

HÜHNEROLOGEN
Karl Scheffler

Berlin ist eine laute Stadt, aber eine Stadt ohne Heiterkeit. Es gibt kein naiv übermütiges Studentenleben, keine sehenswerten Bälle, wo man die Studenten mit ihren Grisetten in wirklicher Fröhlichkeit beisammen sieht. In den Tanzlokalen dominieren der Handlungsgehilfe mit seiner Talmivornehmheit und die Konfektioneuse, die nach 9 Uhr noch ein paarmal herumtanzen will, trotzdem sie vor Müdigkeit gähnt. Das alles streift nicht einmal die Volksfestfreude. Auch die sommerlichen Kremserfahrten in den Grunewald tun es nicht. Nüchterner und poesieloser kann nichts sein. Man macht proletarischen Radau, veranstaltet eine würdelose Maskerade, singt, johlt und verunreinigt in weitem Umkreis den Wald. Selbst ein solcher Sommerausflug, die einzigste Freude oft der Armen in der Großstadt, ist nie frei von dem, was dem Neu-Berliner wie ein untilgbares Laster anhaftet: der Freude an der Parodie. Der Berliner parodiert immer und überall, ohne Parodie gibt es für ihn keine geistige Emotion. Und müsste er sich selber parodieren. Da ihm die Würde durchaus fehlt, verhöhnt er mit aufdringlichem Gebaren alle Formen der Würde. In diesem Verhalten zeigt sich seine gekränkte Eitelkeit. Immer ist er ängstlich, dass man ihn nicht für voll nehmen könnte. Darum lärmt er, drängt sich in den Vordergrund und ist in so seltsam unsympathischer Weise zugleich anspruchsvoll und anspruchslos. Er will durchaus Großstädter scheinen und ist im wesentlichen doch Provinzler. Nein, weniger; formloser, ungebildeter ist er als der Provinzler!

Seine ganze Art und Determination macht den Berliner zum widerstandslosen Opfer der Moden. Er glaubt großstädtisch zu scheinen, wenn er fremde Großstadtgewohnheiten nachahmt; er wird zum Eklektizisten aller hauptstädtischen Lebensformen der Welt; und der berlinische Bildungsdünkel kommt dann hinzu. Das Resultat ist ein Großstadtjargon ohnegleichen. Der fängt damit an, dass jeder Fahrgast in der Elektrischen einen Fahrschein à zehn Pfennige verlangt, dass man zum »lunch« geht und den »Five o'clock-tea« nimmt, und endet damit, dass Hühnerzüchter sich Hühnerologen nennen. Jede ausländische Mode kommt ganz gewiss nach einem Vierteljahr nach Berlin. Am sichersten und vollständigsten die Kleidermoden. Trotz der ungeheuren materiellen Arbeitsleistung vermag die Reichshauptstadt sich selbst auch nicht eine einzige Mode zu diktieren. Die Berlinerin hat manches gelernt im Laufe der Jahrzehnte. Aber wenn sie die Toilette zusammenstellt, so blickt sie nach Paris, London, Amerika oder Wien. Und der männliche Hauptstädter macht es nicht anders. Man trägt in Berlin amerikanisches oder französisches Schuhzeug, Pariser Hüte und Abendkleider, englische Kleiderstoffe und Kleiderschnitte, Wiener Hüte und japanische Schals. Die Herren lassen sich den Bart englisch schneiden und die Damen schminken sich pariserisch, auch wenn sie es nicht nötig haben. Alles Lokale und Nationale ist in Berlin längst verschwunden. Es ist in der Reichshauptstadt von vornherein der Ehrgeiz aller niederen Volksklassen, alle Bestandteile ihrer ländlichen Tracht von sich zu tun und in dem Großstadteinerlei unterzugehen. Der Handwerksgehilfe schämt sich, im Arbeitsrock über die Straße zu gehen, und das Berliner Dienstmädchen hat jede uniforme Haustracht abgelehnt. Wo man sich in anderen Städten der reinlich hellen Dienstbotentracht freut, da tritt einem in den Berliner Häusern der Mittelklasse ein charakterlos in Rock und Bluse gekleidetes Geschöpf entgegen, das als Dienstmädchen nicht zu erkennen wäre, wenn es nicht zu schmutzig wäre, um als Hausfrau oder als Tochter des Hauses gelten zu können. (1910)

KARIKATURARTIGE AUSSTOPFUNG

Per Daniel Amadeus Atterbom

Ein preußischer Militär in voller Kleidung ist, was den oberen
Teil des Körpers betrifft, ein getreulicher Erbe der Frauenzim-
mergestalt in der berüchtigten französischen Schnürleibstracht;
Magen und Unterleib werden in erstaunlicher Weise zusam-
mengepresst, die Hüften treten weit und breit darunter hervor,
und die Brust wird mit einer so karikaturartigen Ausstopfung
bedeckt, dass man beim ersten Anblick eher verkleidete Frauenzimmer als Helden zu sehen glaubt. Man könnte glauben,
dass diese Tracht angenommen worden sei, um die Moskowi-
ter zu parodieren, aber die Parodie ist so ernst, dass die Kerle
bisweilen bei Parademanövern zu Boden taumeln und sterben
– besiegt von ihren Kleidern.

(1817)

Die Deutschen haben entweder
den Geschmack verloren, oder sie
haben nie welchen besessen: die
deutschen Damen kleiden sich nicht
geschmacklos, sondern geradezu
scheußlich, die Männer ebenfalls,
in ganz Berlin gibt es keine einzige
schöne Frau, die nicht durch ihren
Aufputz verunstaltet wäre.
ANTON TSCHECHOW
(BRIEF AN V.M. SOBOLEVSKIJ,
12. JUNI 1904)

Berliner Pfannkuchen
Julius Bab

Da haben die Wiener eine Art des Gastgewerbes, das internationale Geltung erlangt hat: das Wiener Café. Sein Charakteristisches ist wohl, wie hier Raum für sehr mannigfaches Leben geschaffen ist, das sich gemütlich gehen lassen und dabei doch immer irgendwie elegant bleiben will. Hier können Aristokraten und Offiziere, große Kaufleute und bedenkliche Schieber, Künstler und kleine Bürger verkehren, denn kostspielig ist der Aufenthalt nicht; man kann trinken, lesen, debattieren oder spielen, denn nicht das Verzehren, sondern das Verweilen wird als Zweck des Lokals empfunden. Und alles geschieht an den kleinen Marmortischen zwischen den befrackten Kellnern mit einer gewissen Geste sorgloser Vornehmheit; es liegt ein Stempel von Luxus auch auf dem Nüchternen und Geschäftigen, das etwa dort geschieht. – Berlin hat nichts Ähnliches geschaffen. Seine geschäftigen und ungemütlichen Aschinger-Stehbierhallen sind nur die sehr praktische Durcharbeitung einer im Ausland entstandenen Form. Der Berliner Luxus wird mit bayerischen Bierstuben, rheinischen Weinstuben und amerikanischen Bars bestritten. Eigentlich berlinisch ist nur die Weißbierstube: ein typisches Kleinbürgergeschöpf, wo man an ungedeckten Holztischen behaglich, aber sehr hemdsärmelig zusammensitzt. Die Weißbierstube war einmal für Berlin charakteristisch; sie lebt in einer Reihe von Exemplaren auch noch, man hat sie hier und da in Deutschland wohl auch einmal als hauptstädtische Kuriosität nachgeahmt – eine internationale Bedeutung hat sie niemals haben können, dazu fehlte ihr und ihrem charakteristischen Getränk doch allzusehr jedes Verführerische. Zwischen dem Café und der Weißbierstube ist ein Unterschied wie zwischen all dem Schmiegsambunten, was Wien

in der Wohnungskunst getauft hat, und der »Berliner Stube«,
diesem dunklen, von großstädtischer Bauökonomie gezeitigten
Durchgangsraum, ein Unterschied wie zwischen der weltbe-
rühmten Mannigfaltigkeit und Eleganz der Wiener Mehlspei-
sen und der schlichten »Deftigkeit« des Berliner Pfannkuchens
– ziemlich des einzigen Küchenprodukts, das den Namen Berlins über das Land trägt.
(1926)

Metropole Berlin?
*Rhythmus der Weltstadt, den naive
Poeten schwingen hören, wirklich,
wirklich?! Wer Ohren hat zu hören,
hört im Gebraus der großen Stadt
auf Schritt und Tritt das Geklapper
von Kötzschenbroda.*
CARL VON OSSIETZKY
(1925)

Die Kellner werfen das Essen auf den Tisch
Jules Huret

In der Friedrichstraße rechnet man auf 250 Häuser mehr als zweihundertfünfzig Trink- und Essgelegenheiten, Gasthöfe, Restaurants, Viktualienläden. Manche Gebäulichkeiten vereinigen tatsächlich bis zu drei Geschäfte dieser Art, Speiseanstalt, Café, Bierlokal, unter ein und demselben Dache. In den anstoßenden Straßen sind ebenfalls eine Unmenge kleiner, billiger Restaurationen zu finden, wo die Angestellten ihre Mahlzeiten einnehmen. Um mir die Sache anzusehen, habe ich auch einen Versuch gemacht. Von zehn Malen ist das Essen neunmal ungenießbar.

Eine Serviette oder einen Teller bekommt man nicht, wer essen will, muss sich mit der länglichen Steingutplatte, die der Kellner auf das rote, fleckige Tischtuch setzt, und mit einem Wisch Seidenpapier begnügen.

Man findet in Berlin keine jener Zentren der Eleganz und üppiger Lebensgewohnheiten. Der Grund hiervon ist sehr einfach. Wirkliche Eleganz oder wirklicher Luxus existiert hier nicht. Aller Prunk, den man sieht, vereinigt sich in einigen Hotels, in zwei oder drei Restaurants Unter den Linden und nächster Umgebung, Hiller, Borchardt, die auf der Höhe unserer guten Pariser Kabaretts stehen.

Neben diesen Etablissements gibt es in Berlin berühmte Restaurants zweiten Ranges, wie die im Zoologischen Garten, im Ausstellungspark, ferner wie Trarbach, Zum Rüdesheimer, der Kaiserkeller, die leidlich sind, mehr nicht, dabei aber, der schmierige Kempinski namentlich, einen solchen Zulauf haben, dass ich mich nicht getraue, meine eigene Meinung darüber zu äußern. Hier werfen einem die Kellner das Gedeck auf den Tisch, wie im Speisewagen beim Herannahen der Endstation, geben keine Antwort, lassen endlos warten. Von allen

Seiten erhält man Püffe, wird als Sechster noch an einen Tisch, zwischen unmanierliche Leute, gezwängt.

Im Restaurant des Ausstellungsparks gab mir der Oberkellner, als ich mich über einen Salat beschwerte, der in Wasser und Essig schwamm, sonst aber keine Zutaten enthielt, zur Antwort: »Hier isst man den Salat, wie man ihn bekommt.« Und dabei warf er einen verächtlichen Blick auf die Menge um uns her. Und in der Tat, man befindet sich hier noch im Zustande des Sichernährens.

Ich wüsste nicht, welche Marter sich mit der vergleichen ließe, nach dem Essen in einer Berliner Droschke fahren zu müssen. Ist es der Trott dieser abgestumpften Mähren, der einen dermaßen schüttelt? Ist es der Mangel an Gummirädern, ist es die Federung oder das Pflaster? – Ich glaube doch, es liegt an der Gangart, denn bei jedem Schritt des Tieres wird man von einer Seite auf die andere geschleudert, der Unterleib gleichsam einer sehr unsanften Massage ausgesetzt, kurz, man hat wirklich viel auszustehen. – Der Kutscher mit seinem alten Philosophenkopf, und womöglich noch apathischer als sein Gaul, bildet sich ein, er fahre mehr als rasch genug, und man spürt, dass man für eine Spanne Zeit seiner und seiner ganzen Sippe grimmiger Feind wird.

Man muss sich durch Automobile schadlos halten. Die meisten dieser Autos mit Benzinbetrieb verführen ein lächerliches Gerassel, stellen die Geruchsnerven auf eine harte Probe, rütteln außerordentlich stark und sind für Berlin mit seiner sonst hervorragenden Sauberkeit sehr schlecht im Stande gehalten. Privatautos trifft man noch nicht sehr viele. Aber von Zeit zu Zeit kreuzen wir mit unserm Klapperkasten einen jener prächtigen Mercedeswagen mit ihrem sichern, geräuschlosen Gang, in dem irgendeine königliche Prinzessin oder ein Krösus aus Berlin oder Charlottenburg sitzt. Dann kommt einem der Rauch seines vorsintflutlichen Vehikels noch verpesteter vor, und so ist man nie zufrieden. (1909)

Die Stadt der Konserven und Universaltunke
Karl Scheffler

Man könnte eine ganze deutsche Kulturgeschichte schreiben, nur auf Grund der lokalen Ess- und Trinkgewohnheiten in den deutschen Landschaften des Nordens, Ostens, Westens und Südens. Wirtschaftliches und Soziales ist in solchen Gewohnheiten immer zugleich enthalten; man erkennt die Traditionen und vermag auf die Temperamentsart der Völker zu schließen. Berlin würde in einer so disponierten Kulturgeschichte keine Rolle spielen; oder doch nur im Negativen. Die absolute Anspruchslosigkeit, die Neutralität des Geschmacks hat der Eßwaren- und Getränkeindustrie in Berlin einen günstigeren Boden geschaffen als sonstwo in Deutschland. Und dadurch ist die Art des Essens und Trinkens in Berlin nur umso unpersönlicher geworden. Es wird einem verwirrend vielerlei geboten; Lokalgerichte aber gibt es nur zwei oder drei. Die Ost- und Westpreußen, die Mecklenburger und Pommern, die Schlesier und Märker haben ihre besonderen Ess- und Trinkgewohnheiten mitgebracht und haben sie, so gut es ging, im kleinen Familienkreis den Mitteln der Hauptstadt, dem mittelmäßigen Material, das der Berliner Markt, das die Berliner Industrie liefert, angepasst. Sie haben bald einsehen müssen, dass mit diesem Material rechter Wohlgeschmack nicht zu erzeugen ist. Denn die Gemüse und Früchte sind ohne rechtes Aroma. Alles, was der Boden hervorbringt, schmeckt holzig und sandig. Oder wässerig und weich, wenn zur künstlichen Düngung die Zuflucht genommen ist. Das Schlachtvieh, das nach Berlin kommt, ist im Durchschnitt von geringer Qualität. Und der Durchschnitt allein ist natürlich maßgebend. Hausfrauen, die aus Mecklenburgs gesegneten Landstrichen kommen, aus Niedersachsen oder aus Österreichs feiner Kochkultur, stehen dem, was der Berliner Esswarenmarkt ihnen zu hohen Preisen bietet, in der ersten Zeit immer ganz verzagt gegenüber. Nicht ohne Grund werden die Essgewohnheiten der Berliner im Reiche verhöhnt. Die Qualität gilt der Reichshauptstadt auch hier wenig, die Quantität umso mehr. Das Vielerlei ist verwirrend. Es werden ostpreußische Gerichte gegessen, polnische, schlesische und westdeutsche; man kocht norddeutsch, wienerisch oder rheinländisch. Es ist nur nötig, die Speisekarte des ersten besten Restaurants zu betrachten. Wer vor einer solchen spaltenlangen Karte die Etymologie der verschiedenen Gerichte zu bestimmen sucht, wird ein gut Stück Küchengeschichte abwandeln müssen. Man findet Englisches, Französisches, Russisches, Skandinavisches, Polnisches, Österreichisches, Italienisches und Deutsches von zehnerlei Art. Es ist die Charakterlosigkeit der Nachfrage, was solche Maßlosigkeit des Angebots hervorruft. Eines Angebots, dem der Wirt nur mit ausgiebiger Hilfe der Industrie gerecht werden kann. Darum ist Berlin die Stadt der Konserven, des Büchsengemüses und der Universaltunke; die Stadt der Speisenfabrikation, der traditionslosen Küchenindustrie. Die Aufgabe dieser Esswarenindustrie besteht so recht in einer wohlfeilen Massenabfütterung. Und die macht dann das Surrogat, die Lebensmittelverfälschung, den Massenimport und das ungesunde Raffinement nötig.

Verschwunden ist schon die Weißbierstube und das gut bürgerliche Weinhaus. Stattdessen findet man Französische Restaurants, Holländische Likör- und Teestuben, Bayrische und Böhmische Bierhäuser, Wiener Cafés, Amerikanische Bars, Italienische und Russische Restaurants. Es entstehen Jahr für Jahr neue Bierpaläste und Weinkathedralen. Mächtige Bauwerke, mit pomphaft verzierten, hoch gewölbten Marmorsälen, glitzernd von Vergoldungen und Spiegelglas. In diesen Palästen lässt sich der moderne Mittelstandsphilister verfälschte Weine mit wohlklingenden Etikettennamen und wohlfeile, schmacklose Gerichte servieren. Prächtig aber billig, billig aber schlecht:

darin ist im Kern die ganze Esskultur des Hauptstädters. Jeder kleine Emporkömmling will sich als Kapitalist, als Kunde und Herr fühlen, will sich Delikatessen der Saison vorsetzen lassen und die Sektpfropfen knallen hören. Im Restaurant kommt sein Parvenütum wahrhaft grotesk zum Vorschein. Er schmeckt gar nicht, was er isst und trinkt, er schmeckt nur den Schein und die Freude, sich selbst hochgeehrt vom Wirt in einem prächtigen Saal zu sehen. Bis zur Manie geht das Prunkbedürfnis. Stehbierhallen, wo nur im eiligen Vorübergehen für ein paar Nickel gefrühstückt wird, müssen mit bunter Schaubudenpracht hergerichtet sein.
(1910)

B*erlin vereint die Nachteile*
einer amerikanischen Großstadt mit
denen einer deutschen Provinzstadt.
Seine Vorzüge stehen im Baedeker.
KURT TUCHOLSKY
(1926)

WIE RUPPIG
Friedrich Engels

A propos Berlin. Ich freue mich, dass es diesem Unglücksnest endlich gelingt, Weltstadt zu werden. Aber schon Rahel Varnhagen sagte vor siebzig Jahren: »In Berlin wird alles ruppig«, und so scheint Berlin der Welt zeigen zu wollen, wie ruppig eine Weltstadt sein kann. Vergiften Sie alle jebildeten Berliner und zaubern Sie eine wenigstens erträgliche Umgebung dorthin, und bauen Sie das ganze Nest von oben bis unten um, dann kann vielleicht noch was Anständiges draus werden. Solange aber der Dialekt gesprochen wird, schwerlich …
(Brief an Minna Kautsky,
26. November 1885)

EIN MUSTER VON ORDNUNG
Anatole France

Berlin ist eine schöne Stadt, regelmäßig, gut gebaut. Sie haben es sicher auf meinen Postkarten gesehen: nicht ein originelles Denkmal. Die Paläste, Museen, Kirchen sehen aus wie Karikaturen der unseren. Es gibt da ungeheure Warenhäuser, neben denen unser Bon Marché und Louvre nur Nussschalen sind. In diesen Kapernaums finden Sie, was Sie zum Kleiden und was Sie zum Essen brauchen. Es gibt eine Schinkenabteilung, eine Konservenabteilung wie es eine Abteilung für Krawatten und für Schuhwerk gibt. Der Franzose fühlt sich dort etwas fremd ... Der Berliner ist nicht ohne Liebenswürdigkeit. Als man wusste, wer ich war, überhäufte man mich mit Entgegenkommen. Man gab sich Mühe, liebenswürdig zu sein. Die Anmut läuft auf den Straßen Berlins nicht umher. Trotz meines Alters, meines grauen Bartes und der grauen Haare wurde ich von einem Grobian vom Bürgersteig in den Rinnstein gestoßen, einem Manne, der hartnäckig geradeaus läuft wie eine Granate. Ich blieb verdutzt stehen. Eines Tages bekam ich so einen Stoß in die Lebergegend, die ja bei mir sehr empfindlich ist, dass ich fast unter ein Fuhrwerk gefallen wäre. Man setzte mir auseinander, dass der Fehler auf meiner Seite läge, ich solle mich nicht beklagen, sondern entschuldigen; ich hätte die Vorschriften verletzt; dass in dem Ordnungslande Deutschland ein Trottoir für die Leute bestimmt sei, die nach der einen, ein anderes für die, die nach der anderen Seite gingen. Man zeigte mir die Anschläge, auf denen das stand. Jeder müsse sich diesen genauen Vorschriften unterwerfen, jeder, außer natürlich den hohen Militärs: denen müsse man ausweichen. Ich fragte meine höflichen und aufmerksamen Berliner Freunde: »Was wird denn aus den zerstreuten Leuten, den Poeten, Verlieb-

ten bei solchen Vorschriften?« Die artigen Berliner antworte-
ten mir: »Sie kommen auf die Wache, zahlen hohe Geldstrafen
und streifen oft das Gefängnis.« Das geschieht ihnen recht. Die
deutsche Hauptstadt ist ein Muster von Ordnung. Die Verlieb-
ten, die Dichter und andere unordentliche Leute haben eben
aufs Land, nicht in die Stadt zu gehen.

Über eine auf einer Tiergartenbank vergessene Zeitung er-
hob ein Schutzmann viel Geschrei. Glücklicherweise kann Madame deutsch wie der selige Goethe. Als er merkte, dass wir
Franzosen waren, wurde er milder. Er entschuldigte das Ver-
brechen mit der nationalen Unbesonnenheit Frankreichs, des
Landes ohne Ordnung und Vorschriften, wo die Anarchisten
in der Straße rechts oder links laufen, wie sie wollen. Die Sache
endete wie immer, mit einem Trinkgeld. Doch musste ich die
Zeitung wegnehmen und mit zitternder Hand zum eisernen
Papierkorb tragen.

(1909)

Flucht

HINAUS AUS DIESER ÖDE!
E.T.A. Hoffmann

Die Stadt ist im ganzen schön gebaut mit schnurgeraden Straßen und großen Plätzen, hin und wieder trifft man Alleen von
halbverdorrten Bäumen, die, wenn der unheimlich sausen-
de Wind dichte Staubwolken vor sich hertreibt, ihr fahlgraues
Laub traurig schütteln. Kein einziger Springbrunnen sprudelt
lebendiges Wasser empor und verbreitet Kühle und Labung,
deshalb sind die Märkte öde und leer. Der Basar, bei klappern-
den, tosenden Mühlen gelegen, klein und versteckt, ist mit dem
in Konstantinopel gar nicht zu vergleichen. Auch fehlt es ihm
an prächtigen Stoffen und Juwelen, die in einzelnen Häusern
feilgeboten werden. Manche dieser Kaufleute bestreuen ihr
Haupt mit weißem Puder, um ein ehrwürdigeres Ansehen und
mehr Vertrauen zu gewinnen, sind aber ebendeshalb sehr teuer.
Es gibt mehrere Paläste, die aber nicht aus Marmor gebaut sind,
da es in der Gegend ringsumher an Marmorbrüchen gänzlich
fehlen soll. Das Baumaterial besteht in kleinen, im länglichen
Viereck geformten Backsteinen, die hässlich rot und unter dem
Namen: Ziegel bekannt sind. Doch habe ich auch Quaderstei-
ne gesehen, sie jedoch kaum für Granit oder Porphyr halten
können. – Ich wünschte aber wohl, dass du, geliebte Chariton,
das schöne Tor, welches eine Quadriga mit der Siegesgöttin
schmückt, sehen könntest. Es erinnert an den großen erhabenen einfachen Stil unserer Vorfahren.. – Warum spreche ich
aber so viel von den toten kalten Steinmassen, die auf diesem
glühenden Herzen lasten und es zu erdrücken drohen? – Hinaus – hinaus aus dieser Öde!
(1821)

KOPFWEH, MAGENSCHMERZ UND NERVENÜBEL
Per Daniel Amadeus Atterbom

Ich glaube nicht, dass ich noch länger in Berlin verweile; das ist ein Ort, der durchaus nicht gut für mich ist. Ich leide an Kopfweh, Magenschmerz und allerhand Nervenübeln, die mich untauglich zu aller Arbeit machen. Wegen des unaufhörlich umherwirbelnden Sandes, auf den brennende Sonnenstrahlen fallen, kann ich nirgends hingehen ohne größte Schmerzen für meine Augen, und sitze ich dann den ganzen Tag bis abends 6 Uhr zu Hause, um welche Zeit ich erst mit Bequemlichkeit umherspazieren kann, dann leidet mein übriger Körper desto mehr unter diesem Mangel an Bewegung. Da hierzu noch das Konversationsleben kommt, welches das A und O der Berliner und Berlinerinnen ist, mich aber wenig erbaut und mir einen schlechten Ersatz für mangelnde Gesundheit und Seelenruhe bietet, so kannst Du leicht einsehen, dass ich mich hier nur gezwungen noch einige Zeit aufhalte und diese für mich eigentlich als verlorene ansehe. –

Nachdem ich sonach mit gewählter und von einigen guten Groschen unterstützter Beredsamkeit die Verzeihung eines Passschreibers dafür erwirkt hatte, dass ich mich volle sieben Wochen in Berlin ohne »carte de séjour« aufgehalten hatte, rollte ich schon mit nächstem Sonnenaufgang in einem ziemlich bequemen gedeckten Fuhrmannswagen aus der Dresdener Straße durch das Cottbuser Tor hinaus – froh, mich bald unter den munteren Sachsen und ihren unzähligen Kunstschätzen erquicken zu können.

(1817)

AUF WAS ICH NACH HAMBURG GEHE
Gotthold Ephraim Lessing

Ja, in Hamburg bin ich gewesen; und in neun bis zehn Wochen
denke ich wiederum hinzugehen – wahrscheinlicherweise, um
auf immer da zu bleiben. Ich hoffe, es soll mir nicht schwerfal-
len, Berlin zu vergessen. Meine Freunde daselbst werden mir
immer teuer, werden immer meine Freunde bleiben; aber alles übrige, vom größten bis zum kleinsten – Doch ich erinnere
mich, Sie hören es ungern, wenn man sein Missvergnügen über
diese Königin der Städte verrät. – Was hatte ich auf der ver-
zweifelten Galeere zu suchen? – Fragen Sie mich nicht, auf was
ich nach Hamburg gehe. Eigentlich auf nichts. Wenn sie mir in
Hamburg nur nichts nehmen, so geben sie mir ebensoviel, als
sie mir hier gegeben haben.
(Brief an Johann Wilhelm Ludwig Gleim,
1. Februar 1767)

Mama, heute abend oder
morgen früh fahre ich endlich
nach Petersburg. Das graue Berlin,
die Hotels, die französisch-deutsche
Sprache und dieses ganze Leben
hier bin ich satt.
ALEXANDER BLOK
(18. SEPTEMBER 1911)

MIT EINEM BERLINER IN MÜNCHEN
Heinrich Heine

Dass man aber die ganze Stadt ein neues Athen nennt, ist, unter uns gesagt, etwas ridikül, und es kostet mich viele Mühe, wenn ich sie in solcher Qualität vertreten soll. Dieses empfand ich aufs tiefste in dem Zwiegespräch mit dem Berliner Philister, der, obgleich er schon eine Weile mit mir gesprochen hatte, unhöflich genug war, alles attische Salz im neuen Athen zu vermissen.

»Des«, rief er ziemlich laut, »gibt es nur in Berlin. Da nur ist Witz und Ironie. Hier gibt es gutes Weißbier, aber wahrhaftig keine Ironie.«

»Ironie haben wir nicht« – rief Nannerl, die schlanke Kellnerin, die in diesem Augenblick vorbeisprang – »aber jedes andre Bier können Sie doch haben.«

Dass Nannerl die Ironie für eine Sorte Bier gehalten, vielleicht für das beste Stettiner, war mir sehr leid, und damit sie sich in Folge wenigstens keine solche Blöße mehr gebe, begann ich folgendermaßen zu dozieren: »Schönes Nannerl, die Ironie is ka Bier, sondern eine Erfindung der Berliner, der klügsten Leute von der Welt, die sich sehr ärgerten, dass sie zu spät auf die Welt gekommen sind, um das Pulver erfinden zu können, und die deshalb eine Erfindung zu machen suchten, die ebenso wichtig und eben denjenigen, die das Pulver nicht erfunden haben, sehr nützlich ist. Ehemals, liebes Kind, wenn jemand eine Dummheit beging, was war da zu tun? Das Geschehene konnte nicht ungeschehen gemacht werden, und die Leute sagten: der Kerl war ein Rindvieh. In Berlin, wo man am klügsten ist und die meisten Dummheiten begeht, fühlte man am tiefsten diese Unannehmlichkeit. Das Ministerium suchte dagegen ernsthafte Maßregeln zu ergreifen: bloß die größeren

Dummheiten durften noch gedruckt werden, die kleineren er-
laubte man nur in Gesprächen, solche Erlaubnis erstreckte sich
nur auf Professoren und hohe Staatsbeamte, geringe Leute
durften ihre Dummheiten bloß im Verborgenen laut werden
lassen; – aber alle diese Vorkehrungen halfen nichts, die unter-
drückten Dummheiten traten bei außerordentlichen Anlässen
desto gewaltiger hervor, sie wurden sogar heimlich von oben
herab protegiert, sie stiegen öffentlich von unten hinauf, die
Not war groß, bis endlich ein rückwirkendes Mittel erfunden
ward, wodurch man jede Dummheit gleichsam ungeschehen
machen und sogar in Weisheit umgestalten kann. Dieses Mittel
ist ganz einfach, und besteht darin, dass man erklärt, man habe jene Dummheit bloß aus Ironie begangen oder gesprochen.
So, liebes Kind, avanciert alles in dieser Welt, die Dummheit
wird Ironie, verfehlte Speichelleckerei wird Satire, natürliche
Plumpheit wird kunstreiche Persiflage, wirklicher Wahnsinn
wird Humor, Unwissenheit wird brillanter Witz, und du wirst
am Ende noch die Aspasia des neuen Athens.«

Ich hätte noch mehr gesagt, aber das schöne Nannerl, das ich
unterdessen am Schürzenzipfel festhielt, riss sich gewaltsam
los, als man von allen Seiten »A Bier! A Bier!« gar zu stürmisch
forderte. Der Berliner aber sah aus wie die Ironie selbst, als er
bemerkte, mit welchem Enthusiasmus die hohen schäumenden
Gläser in Empfang genommen wurden; und indem er auf eine Gruppe Biertrinker hindeutete, die sich den Hopfennektar
von Herzen schmecken ließen, und über dessen Vortrefflich-
keit disputierten, sprach er lächelnd: »Das wollen Athenienser
sind?«

(1828)

WAS HÄLT MICH AB
Arthur Schopenhauer

Aber es ist auch noch ein uneigentlicher Plan da, gestützt auf folgende Reflexionen. Den Winter wieder in Berlin? – was hab' ich da? – nicht einmal Zuhörer in einer Zahl, die die Mühe lohnt. Ich lebe teuer und schlecht und liebe das Nest überhaupt nicht. Was hält mich ab, von Milano nach Genova zu gehn, dort meinen alten Kameraden Doria zu besuchen, dann die herrliche Reise längs der Küste bis Pisa und Livorno zu machen und in Firenze zu überwintern, wo ich für weniges Geld süperbe leben kann, nichts entbehre, mich selbst und Italien ruhig und ungestört genieße? Was hält mich ab? –

Meine Abreise hat sich bis jetzt verzögert, durch kleine verdrießliche Hindernisse, wie denn die Plackerei des Lebens eine endlose Kette ist. Gottlob in drei Tagen geht es fort. Herzlich gern lasse ich das dürre Berlin hinter mir ...
(22. April/24. Mai 1822)

MÖGLICHST SCHNELL ZUM BAHNHOF
Ilja Ehrenburg

Teurer Freund, ich bin immer noch in Berlin. Du wirst Dich wundern. Wie kann man nur, wenn es den Schiefer und die Mimosen der Pariser Boulevards, die warmen Stufen der römischen Piazza di Spagna, harzigen Chianti in den Trattorien von Florenz und andere vortreffliche Dinge gibt, in dieser Stadt sitzen, die Ähnlichkeit hat mit einer verwahrlosten Kaserne mit eingeschlagenen Fenstern, die das runde Jahr kalte Nordostwinde durchlassen? Haben wir uns doch in vergangenen Zeiten so oft, Berlin passierend, beeilt, möglichst schnell von dem einen Bahnhof zum andern zu kommen, mit hochgeschlagenem Mantelkragen und ohne die geraden, langweiligen Straßen anzusehen, Berlin erschien uns damals nicht als Stadt, sondern als Knotenpunkt der Eisenbahn. Nun ja, wir waren nicht so weit von der Wahrheit entfernt.

(1922)

ANARCHIE UND ZÜGELLOSIGKEIT
Georg Friedrich Rebmann

Erlaube mir, lieber Carl, ehe ich Berlin verlasse, dir noch einige Ideen mitzuteilen, die sich mir aufgedrängt haben und nicht von Gründen entblößt zu sein scheinen.

Wenn man in großen Städten, zumal in solchen, wo der Hof den Mittelpunkt ausmacht, die Summe der Pracht, des Glanzes, der Größe, des Erhabenen mit der Summe des Elends, des Drucks, der Armut, kurz, die Summe des Glücks mit der Summe des Unglücks und Jammers der Menschheit vergleicht, so wird zuverlässig die erste von der letztern weit überwogen. Jeder neuerbaute Palast, sagt Rousseau, scheint mir eine zerstörte Provinz anzudeuten, und in seinem Satz liegt viel Wahres. Eine ungeheure Menschenanzahl von verschiedenen Kräften, verschiedenen Ständen, auf einen Punkt zusammengedrängt, muss sich notwendig in einer Menge Plänen, Wirkungen und Gegenwirkungen begegnen und durchkreuzen, Ehrgeiz, Luxus und Bedürfnisse jedes einzelnen müssen sich unbeschreiblich vermehren, und das Leben der Menschen endlich durch die Sucht, sich deren Befriedigung zu verschaffen, einem Kampfe gleichen, in welchem ein Haufen Stärkerer die Schwächeren zu Boden drückt, und keiner im Grunde erlangt und erlangen kann, was er wünscht. Hieraus entsteht der größte Grad menschlicher Verdorbenheit, äußerster Egoismus, Verlust allen Gemeinsinns und am Ende unausbleiblich eine Explosion, die um so gewaltsamer und fürchterlicher sein muss, je größer die Stadt ist, in der sie entsteht. Der Trieb, die Befriedigung seiner Bedürfnisse zu finden, knüpfte das Band der bürgerlichen Gesellschaft, die Unmöglichkeit, diesen Zweck zu erreichen, trennt es wieder, so bald aus dem Aneinanderreihen des verschiedenen Interesses Übel entstehn, die so groß sind als diejenigen, welche der Vereinigung der Bürger in Staaten ihr Dasein gaben. Anarchie und Zügellosigkeit ist derjenige Zustand, wo derjenige Gesetzgebung, Gewalt über andre und Eigenmacht ohne Übertragung sich anmaßt, der sie vermöge seiner Stärke behaupten kann. Ob der Starke seine Macht vermöge körperlicher oder geistiger Kräfte, vermöge seiner Waffen oder vermöge der Staatsverfassung besitzt, ob er aus dem niedrigsten Pöbel oder aus königlichem Geblüte stammt, gilt gleich. Anarchie ist dann da, sobald diese Gewalt so sehr ausgedehnt wird, dass sie die Sicherheit der Person und des Eigentums angreift, und zu dieser Ausschweifung muss endlich notwendig die menschliche Verderbtheit in großen Städten führen.

(1793)

H*ier in Berlin lerne ich den Satz verstehen: homo homini lupus.*
Berthold Auerbach
(April 1863)

Lange genug
Georg Hermann

Nachdem ich bald – nein, nicht so – fangen wir nicht so an. Lieber: ich hatte schon lange die Absicht, von Berlin fortzuziehen, und habe sie jetzt ausgeführt, zum großen Erstaunen aller möglichen Leute, die sich sonst nie um mich gekümmert hatten, aber plötzlich meinten,»man« – und insbesondere ich – könne nur in Berlin leben, und sich nicht sagten, dass eigentlich in Deutschland zum Beispiel nur jeder zweiundzwanzigste Mensch ungefähr in Berlin lebt, während in Europa wohl nur jeder hundertfünfzigste Mensch in Berlin lebt. Und wenn wir Asien hinzunehmen, im ungünstigen Fall jeder vierhundertste, wenn nicht gar jeder fünfhundertste. Und welche Notwendigkeit liegt vor, dass gerade ich dieser fünfhundertste bin? Ich bin das nun lange genug gewesen, mit eiserner Konsequenz. Von Geburt an. In einer Menge von Vorfahren. Mindestens seit hundertfünfzig Jahren schon. Nu kann auch mal'n anderer dieser fünfhundertste sein. Die Sache hat nämlich mit den Jahren zu allerhand Unzuträglichkeiten für mich geführt, so dass ich mir zum Schluss gesagt habe: Du oder ich. Und da Berlin gar keine Anstalten machte, irgend etwas von den mich störenden Eigenheiten mir zuliebe aufzugeben – im Gegenteil –, da räumte eben ich ganz einfach das Feld.
(1915)

DAS LEBEN DRAUSSEN IST BESSER
Theodor Fontane

Je berlinerischer man ist, je mehr schimpft man und spöttelt man auf Berlin. Dass dem so ist, liegt nun aber nicht bloß an dem Schimpfer und Spötter, es liegt leider wirklich auch an dem Gegenstande, also an unsrem guten Berlin selbst. Wie unsre Junker unausrottbar dieselben bleiben, kleine, ganz kleine Leute, die sich für historische Figuren halten, so bleibt der Berliner ein egoistischer, enger Kleinstädter. Die Stadt wächst und wächst, die Millionäre verzehnfachen sich, aber eine gewisse Schusterhaftigkeit bleibt, die sich vor allem in dem Glauben ausspricht: »Mutters Kloß sei der beste.« Dabei gibt es hier – denn man kann doch nicht immer auf Bismarck und Moltke rekurrieren, die nicht mal Berliner waren – überhaupt nichts Bestes; es gibt in Berlin nur Nachahmung, guten Durchschnitt, respektable Mittelmäßigkeit, und das empfinden alle klugen Berliner, sowie sie aus Berlin heraus sind. Das menschliche Leben draußen (nicht das politische, bei dem's aber auch zutrifft) ist freier, natürlicher, unbefangener, und deshalb wirkt die nichtberlinische Welt reizvoller. Die Menschen draußen sind nicht klüger, nicht besser, auch wohl nicht einmal begabter und talentvoller, sie sind bloß menschlicher, und weil sie menschlicher sind, wirkt alles besser, ist auch besser.
(Brief an Georg Friedlaender,
14. Mai 1894)

LIEBEN KANN MAN DIESE STADT NICHT
Karl Scheffler

Man kann jedes Verhältnis zu Berlin gewinnen, nur lieben kann man diese Stadt nicht. Wer dreißig Jahre schon darin lebt, fühlt sich nicht als Berliner, sondern immer noch als Hamburger, Königsberger, Danziger oder Frankfurter, als Mecklenburger, Rheinländer oder Bayer. Es fehlt das konservative Grundelement, das einer lebendigen Liebe zur Stadt zur Basis werden könnte.

Berlin aber will Liebe auch gar nicht von seinen Bewohnern. Ist der Geist dieser Stadt nicht im tiefsten national, so ist er doch auch nicht sentimental. Wie mit einem Witzwort der Selbstironie hilft sich dieses hart determinierte Stadtindividuum über die verborgene Tragik seines Daseins hinweg. Über die Tragik eines Schicksals, das überall dort zutage tritt, wo in einem allzu harten und allzu rastlosen Erhaltungskampf die höheren Gefühlskräfte und die Fähigkeit zum Glück verkümmern, so dass nur die profane Tüchtigkeit bleibt, woraus die Blüte edelster Kultur nicht emporzusprießen vermag; über die Tragik eines Schicksals, das das aus einer wendischen Fischersiedlung zur mächtigen Millionenstadt und Reichshauptstadt emporgewachsene Berlin dazu verdammt: immerfort zu werden und niemals zu sein.

(1910)

Der waschechte, seit mindestens zwei Generationen in Berlin geborene (und nicht etwa gebackene!) Berliner war, ist und bleibt, wie schon der weiland im altmärkischen Gardelegen geborene Couplet-Sänger Otto Reutter wusste, eine rare Spezies, eben »ein Geheimnis von Berlin«, auch wenn man ihm gelegentlich noch begegnet, dem tief plebejischen »Icke-Ditte-Kieke-Mal-Oogen-Fleesch-Und-Beene«-Aborigine, der in Krauchenwies bei Blaubeuren oder Bad Gandersheim oder sonstwo am Arsch der Welt bis heute dem Klischee von einem solchen entspricht. Wahr, zumindest wirklich, ist jedoch, dass er sich mittlerweile sehr gewandelt hat, der sogenannte typische Berliner, und Comedians, die ihn zu imitieren trachten, sagen nicht mehr »icke«, sondern mit türkischer Diktion »isch«. Nur in einem Punkte gleicht der gegenwärtige Berliner dem einstigen, ist mithin der ewige Berliner, er mault, nölt, nörgelt, … für sein Leben gern und bei jeder Gelegenheit – am liebsten *auf* und gerade nicht *über* Berlin; denn aus dieser hochnäsigen Perspektive könnte er es nur sehen, wenn er, wie ein »popliger« Tourist, den Kreuzberg oder die Kuppel des Reichstags erklimmen würde – oder wenn er, was vorkommt, sobald er die dafür nötige Kohle beisammen hat, wegfliegt, Richtung »Spananien«, seinem favorisierten Ferienziel. Der Berliner, woher immer er stammen mag, schimpft ja nicht nur gerne, er macht sich hin und wieder auch gerne »vom Acker«, um anderenorts rumzumeckern. – »Hundert Mal hab ick Berlin verflucht / Hundert Mal weit weg mein Glück jesucht…«, sang die unsterbliche Helga Hahnemann, die in Berlin begraben liegt.

Auf Reisen gegangen, nach Berlin beispielsweise, und eine Weile dort hängengeblieben oder schnell wieder »abgedampft«

sind auch die Autoren, Gelehrte, Künstler, Zeitungsleute, Politiker, Flaneure, deren keinesfalls vorurteilsfreien und womöglich deshalb so abfälligen Urteile versammelt sind in diesem Band, dessen Titel, »Berlin ist das Allerletzte«, vernichtender klingt, als er ist. Denn weder die Herren noch die zwei Damen noch deren Kritteleien haben, das dürfte mittlerweile erwiesen sein, Berlin klein oder nur einen Deut kleiner gekriegt; im Gegenteil, manche von ihnen haben, mehr oder minder freiwillig, ihren Teil beigetragen zur *wahren*, mit Quadratmeter- und Einwohnerzahlen kaum fassbaren, also unermesslichen Größe jener westlichsten Stadt des Ostens und östlichsten des Westens.

Und schon bin ich bei einem Hauptproblem der samt und sonders verwöhnten, echt undankbaren Beiträger; sie jammern, wie viel später auch ein weiterer Preußenhasser, unser erster Bundeskanzler Konrad Adenauer, für den Sibirien, von Bonn aus gesehen, hinterm Rhein begann, über die Lage Berlins am Saum des »endlosen Ostlands, das direkt in die russischen Ebenen hineinzuführen scheint«, nennen Berlin eine »Grenzstadt an der Peripherie der deutschen Kulturzone«. – Dazu sage ich als Urberlinerin und auch noch Ostberlinerin nur: In der »Zone« zu leben, war schlimm genug, aber wenigstens die Erfahrung einer *deutschen Kulturzone* ist mir erspart geblieben. – Man mokiert sich, auf literarisch hohem Niveau allerdings, über die weite Landschaft Brandenburgs, in die unsere Stadt eingebettet ist: »Sanddünen wie am Meeresufer. Ferner Reihen von verkommenen Nadelhölzern, deren knorrige Wurzeln aus dem Boden« wie »Schlangen herausragen«, beklagt den kalten Nordostwind, den Staub, den dieser Wind durch die breiten, schnurgeraden Straßen treibt, den Himmel, der »grau und schwer« einem »Grabstein« ähnle. Ja, ja, das bleierne Licht, das raue Klima, die struppigen Kiefern, die Streusandbüchse; immer die gleiche langweilige Leier. Hat es denn dort, wo jene Bürger zuhause waren, niemals geregnet?! Da halte ich es doch eher mit einem alten Freund, einem Sachsen, der mir – nach

zehn Jahren heimgekehrt aus Colorado – schrieb: » Seit ich die
Wüste kenne, gefällt mir Berlin. Wo sonst in Deutschland gibt
es so viel Sand, so wenig Sonne und trotzdem Leben?« Und warum erwähnt eigentlich kein einziger dieser Hackspechte und
Mäkelmeisen die majestätische Havel, den Müggel-, den Scharmützel- oder den Wannsee? Waren die alle blind, wasserscheu,
keine Fischfreunde?

Auf Letzteres weisen jene Passagen hin, in denen über das
Berliner Essen hergefallen, nein, hergezogen wird, mitunter
drastisch deutlich, was ich keinem der Verfasser ernsthaft verübeln mag, ist doch der essigsaure märkische Brathering nun
wirklich nicht jedermanns Geschmack. Aber warum nur waren
unsere superlecker mit Pflaumenmus oder Vielfruchtmarmelade
gefüllten Pfannkuchen, die als »Berliner« europaweit Karriere
machen konnten, dem Theaterkritiker Julius Bab zu »deftig«?
Der französische Journalist Jules Huret, dem wir anrechnen und
nicht ankreiden sollten, dass er uns das schöne Wort »Speiseanstalt« quasi zurückgeschenkt hat, meinte gar, »von zehn Malen« sei das Essen »neunmal ungenießbar« gewesen, in den besseren »Etablissements« jedoch immerhin »leidlich, mehr nicht«,
und im »schmierigen Kempinski«, schrieb er, »werfen einem
die Kellner das Gedeck auf den Tisch, wie im Speisewagen
beim Herannahen der Endstation, geben keine Antwort, lassen warten.« Will ihm da einer widersprechen?! Essensmäßig
(wobei die Betonung zu Recht auf »mäßig« liegt) oder »futtertechnisch«, um mal einen neuberlinischen Ausdruck zu gebrauchen, ist in Berlin bis heute zwar nicht gerade Schmalhans, dafür
– bestenfalls – Prahlhans Küchenmeister. Was habe ich an den
kippelnden Tischen der Restaurants und Gartenlokale meiner
Heimatstadt bei echten »Rotzlöffeln von Servierkräften« nicht
schon alles bestellt – und dann probiert, gegessen, vor Hunger
verschlungen sogar … Ja, ich weiß – und das besänftigt mich
mitunter, es ist, wie der in diesem Band auch höchst unrühmlich vertretene Heinrich Heine dichtete, »eine alte Geschichte«

– wiewohl seine »alte Geschichte« mit der, auf die ich hinweisen möchte, nicht das Geringste zu tun hat; denn meine bezieht sich auf Heines Erfahrungen mit der Berliner Gastronomie, über die eine schöne, vom ihm jedoch nie bestätigte Anekdote kursiert: Eines Tages stieg der mal wieder ziemlich blanke Heinrich Heine zusammen mit zwei nicht minder bankrotten Studienkollegen in einem Charlottenburger Hotel ab. Und als die leichtfertigen, aber hübschen jungen Männer tafelten, obgleich es ihnen nicht schmeckte, und anschreiben ließen und wieder und wieder speisten und tranken, trotzdem es weiterhin nicht gut war und sie noch immer nicht zahlen konnten und sich nicht einmal zur kleinsten galanten Gegenleistung bereitfanden, da wurde die stattliche, verwitwete Wirtin unwirscher von Tag zu Tag, und schließlich setzte sie den Dreien einen gekochten Schellfisch vor, der roch aus dem Maul wie ein Mensch.

Was aber nun die Art, gar den Charakter des Berliners betrifft, so täuscht den deutschen Provinzler und nicht minder den aus exotischeren Gegenden Hereingeschneiten sein erster, zweiter, dritter, wahrscheinlich vom Heim- oder Fernweh getrübter Blick – aufs Ärgste, wie ich sagen muss. Man beäugt scheel, doch nicht frei von Neid und Neugier, die »leichten« Mädchen und die Betrunkenen in den Gossen, schimpft uns »physiognomielos« und »Gegenfüßler«, unterstellt uns »gedrillte Stupidität«, vergleicht uns mit »wimmelndem Ungeziefer«, das »in Kellerräumen vegetiert«, höhnt pauschal, die Töchter unserer Stadt seien »groß wie Grenadiere« gewesen, »mit aufgeschürzten Ärmeln und Armen voller großer Sommersprossen«. – Ich möchte mal wissen, wo die hergerührt haben sollen, die »großen Sommersprossen«? Hat man sich nicht Seiten zuvor noch verschnupft über das miese Wetter geäußert? Ein Heinrich Laube (ach möge eine solche über ihn zusammengebrochen sein und ihn so schwer verletzt haben, wie er uns), seines Zeichens Dramenschreiber aus Sprottau(!), der uns Berliner, Stichwort »Spree-Athen«, als Verwandte der Griechen sah, die ja auch nur kurze Zeit an der Macht ge-

wesen wären, sehnte unser baldiges Ende herbei und behauptete
»dergleichen sei eine Tröstung, wenn der eigentlich unschöpfe-
rische, aber schneidende, dreiste und absprechende Berliner lästig« würde. »Ein Bajonett des schnellsten, willkürlichsten Urteils« ginge »durch alle Berliner, und in gewisser Art« seien wir
»eigentlich auch alle Soldaten«, denn wir würden »alles angrei-
fen«. Das ist doch mal ein interessanter Gedanke! Unsere unge-
brochene, immer nur zum Wortgefecht einladende Angriffslust
ist also ein Erbe unserer preußisch-militärischen Vergangenheit,
selbst wenn – wie nun wieder Georg Friedrich Rebmann befand
– »der gemeine Berliner über seine Regierung und Polizei schon
zu Friedrich des Großen Zeiten nicht schüchtern, sondern (…)
übertrieben frech urteilte«. Hallo? Die Frechen sind wir?! Ge-
messen an diesen reingeschmeckten Schandmäulern, das sei hier
einmal festgehalten, ist jeder von uns die personifizierte, sind wir
Berliner alle miteinander: die kollektive Friedfertigkeit.

Nur einer, ein einziger der beiden Berliner, die auf den uns
vorliegenden hundertzwanzig Seiten auch einmal zu Worte
kommen durften (der zweite war ein Abtrünniger, ein Verrä-
ter), legte den Finger in jene unserer zahlreichen Wunden, die
wohl niemals mehr heilen wird, Paul Felix Schlesinger, während der Ära der Weimarer Republik ein gefeierter Gerichtsre-
porter, der unter dem Kürzel Sling veröffentlichte. »Eines unserer Hauptverdienste«, heißt es bei ihm, »ist, dass wir Berlin
bewohnen. Das ist sozusagen eine Last, die wir für die ganze
Nation auf uns genommen haben. Anstatt uns dafür auf den
Knien zu danken, sagt man uns ins Gesicht, Berlin sei scheußlich, und wir seien daran Schuld«.

Ansonsten trifft es leider zu – und in des Berliners sommer-
sprossengroßes Herz: Die klugen, sprachgewandten, womöglich nicht grundsätzlich menschenfeindlichen Autoren dieses
Bändchens voller Nadelstiche, waren und blieben, im Unterschied zu vielen tausend anderen, die – notgedrungen oder
freudig – Berliner wurden, bei uns so fremd wie wir ihnen. Des-

halb *fremdelten* sie, konnten das Wesen dieser Stadt und ihrer Bewohner schlichtweg nicht begreifen.

Das Wesen, bemerkt sinngemäß – und spitzfindig, als sei er ein Berliner – Wilhelm Friedrich Hegel, verwest, indem es erscheint. Was aber könnte, einmal abgesehen von den vielen Wesen, menschlichen und unmenschlichen, die unsere Stadt bevölkern, Berlins innerstes Wesen sein? Ich habe mich dem Wesen meiner sicher nicht zufällig dereinst an Bahnhöfen überaus reichen Heimatstadt einmal wie folgt genähert: »Ich laufe umher, sehe Menschen und denke: der und der und die und die …, irgendwann kamen sie einmal hier an, eigentlich, um gleich wieder ab- oder wenigstens weiterzureisen, spätestens im letzten Zug des einen Tages – und des nächsten Tages und des übernächsten … Doch jeder dieser letzten Züge war längst weg oder ist nie losgefahren. Seither sind wir mit den Bahnhöfen selbst unterwegs; sie alle heißen Berlin.«

Was aber versteht man unter (einem) Bahnhof, zumal, wenn man eh immer nur Bahnhof versteht? Was *ist* ein Bahnhof? Ein Niemandsland? Dass diese Stadt keine Stadt ist, sondern Niemandsland im Sinne von niemandes Land? Es gibt, außer den Staatsbeamten und ähnlich gut bezahltem Personal, weit und breit niemanden, der sich dafür verantwortlich fühlte; es gibt keine Alteingesessenen mehr, oder wenigstens dauerhaft Niedergelassene, und darum keinen Bürgersinn. Bürger konnte in Berlin nichts halten; die nahmen beizeiten ihr schnell verdientes Geld und brachen auf zu besseren Ufern. Blieben und bleiben, über Jahre oder übers Wochenende, nur die Gestrandeten, die Glücksritter, die Gäste; Gäste, wie es – einmal, zweimal, öfter mal – auch die »Edelfedern« von *Berlin ist das Allerletzte* waren, die hier – und »natürlich« von uns – ganz fabelhaft gelernt haben, wenngleich nur das Maulen, Nölen, Nörgeln. Oder lernten wir es von ihnen? Auch möglich. Dann ist die Tatsache, dass wir so schlagfertig wurden, wie man es uns seit anno Schnee nachsagt, nichts Übleres als eine Re-Aktion, die reine Notwehr eben.

Autoren- und Quellenverzeichnis

Im folgenden, alphabetisch geordnet, sind die Autoren sowie die Quellen der aufgenommenen Texte (mit Ausnahme der kurzen Zitate) aufgeführt. Die Überschriften der Texte stammen von den Herausgebern; in einigen Fällen wurde der Text zusammengezogen (was sich aus dem Quellenverzeichnis ablesen lässt). Die Orthographie wurde dem heutigen Stand angepasst. Die Herausgeber haben sich, wo nötig, um die Abdruckgenehmigungen bemüht. Wir bitten die von uns nicht ermittelten Rechteinhaber, sich beim Verlag zu melden.

Arndt, Ernst Moritz (Groß Schoritz 1769 - Bonn 1860)
Atterbom, Per Daniel Amadeus (Åsbo 1790 - Uppsala 1855): Ein Schwede reist nach Deutschland und Italien, neu hg. v. E. Jansen, Weimar o.J., S. 44f, 71, 75f, 94, 156, 336
Auerbach, Berthold (Nordstetten 1812 - Cannes 1882)

Bab, Julius (Berlin 1880 - Roslyn Heights, N.Y. 1955): Wien und Berlin (zusammen mit Willy Handl), Berlin 1926, S. 14f
Balzac, Honoré de (Tours 1799 - Paris 1850)
Berlinische Monatsschrift, Februar 1784, in: Frauen in Berlin, hg. v. W.G. Oschilewski, Berlin o.J., S. 9
Blok, Alexander (Petersburg 1880 - Petersburg 1921)
Burney, Charles (Shrewsbury 1726 - Chelsea 1814): Tagebuch einer musikalischen Reise 1770-1772, Leipzig 1975, S. 372f

Chopin, Frédéric (Zelazowa Wola 1810 - Paris 1849): Briefe, Berlin 1983, S. 47f

Dostojewski, Fjodor Michaelowitsch (Moskau 1821 - Petersburg 1881)
Dronke, Ernst (Koblenz 1822 - Liverpool 1891): Berlin, Gekürzte Neuausgabe, Darmstadt und Neuwied 1987, S. 9f, 15ff, 21f, 92ff

Eckermann, Johann Peter (Winsen 1792 - Weimar 1854): siehe Goethe, Johann Wolfgang

Ehrenburg, Ilja (Kiew 1891 - Moskau 1967): Visum der Zeit, hg. v. F. Mierau, Leipzig 1982, S. 44 (Briefe aus dem Café).
Wir danken dem Paul List Verlag, München, für die Abdruckgenehmigung
Einstein, Carl (Neuwied 1885 - Lestelle-Bétharram 1940): Textauswahl, hg. v. R.-P. Baacke, Berlin 1991, S. 10.
Wir danken dem Fannei & Walz Verlag für die Abdruckgenehmigung
Engels, Friedrich (Barmen 1820 - London 1895): Karl Marx - Friedrich Engels, Werke, Bd. 36, Berlin 1967, S. 393

Fontane, Theodor (Neuruppin 1819 - Berlin 1898): Briefe, 4. Bd., München 1982, S. 353f
France, Anatol (Paris 1844 - La Béchellerie/Tours 1924): Berlin eine Kaserne, in: Brousson, Anatole France in Pantoffeln, Berlin 1925
Freytag, Gustav (Kreuzburg O.S. 1816 - Wiesbaden 1895): Erinnerungen aus meinem Leben, hg. v. Th. Bögel, Bielefeld und Leipzig 1929, S. 74f
Friedel, Johann (Temeschwar 1755 - Klagenfurt 1789): Briefe über die Galanterien von Berlin, Neuausgabe, Berlin 1987, S. 17f

Goethe, Johann Wolfgang (Frankfurt am Main 1749 - Weimar 1832); Goethes Gespräche mit J. P. Eckermann, Leipzig 1908, S. 93ff
Grillparzer, Franz (Wien 1791 - Wien 1872): Tagebücher und Reiseberichte, hg. v. K. Geißler, Berlin 1980, S. 325
Gutzkow, Karl (Berlin 1811 - Frankfurt am Main 1878)

Hebbel, Friedrich (Wesselburen 1813 - Wien 1863): Sämtliche Werke, 10. Bd., Berlin 1904, S. 170f
Heine, Heinrich (Düsseldorf 1797 - Paris 1856): Werke, 2. Bd., Frankfurt a. M. 1968, S. 242 f (Reise von München nach Genua)
Hermann, Georg (Berlin 1871 - Auschwitz 1943): Vom gesicherten und ungesicherten Leben, Berlin 1915
Hoffmann, E.T.A. (Königsberg 1776 - Berlin 1822): Letzte Erzählungen, Berlin 1983, S. 64 (Die Irrungen)
Huret, Jules (Boulogne-sur-Mer 1864 - Paris 1915): Berlin, München 1909, S. 46ff, 51f, 53ff, 223f, 228

Karsch, Anna Louisa (bei Schwiebus 1722 - Berlin 1791)
Keller, Gottfried (Zürich 1819 - Zürich 1890): Kellers Briefe in einem Band, Berlin und Weimar, S. 87/90
Kleist, Heinrich von (Frankfurt an der Oder 1777 - Berlin 1811)

Laube, Heinrich (Sprottau 1806 - Wien 1884): Reise durch das Biedermeier, hg. v. F. H. Körber, Hamburg 1965, S. 305f

Lessing, Gotthold Ephraim (Kamenz 1729 - Braunschweig 1781): Briefe in einem Band, Berlin und Weimar 1967
Lewis, Sinclair (Sauk Centre 1885 - Rom 1951): Sam Dodsworth, Hamburg 1957, S. 397f.
Wir danken dem Rowohlt Verlag für die Abdruckgenehmigung
Luxemburg, Rosa (Zamosc 1870 - Berlin 1919): Gesammelte Briefe, Berlin 1982, S.112/136

Mendelssohn Bartholdy, Felix (Hamburg 1809 - Leipzig 1847): Glückliche Jugend. Briefe des jungen Komponisten, Bremen 1971, S. 101
Mendelssohn Bartholdy, Karl (Leipzig 1838 - Königsfelden 1897): Zitiert nach: Deutsche Augenblicke, Briefe des 19. und 20. Jahrhunderts, Frankfurt a. M./Wien 1991, S. 209

Ossietzky, Carl von (Hamburg 1889 - Berlin 1938)

Polgar, Alfred (Wien 1873 - Zürich 1955): Kleine Schriften, hg. v. M. Reich-Ranicki, Reinbek 1982, S. 339f.
Wir danken dem Rowohlt Verlag für die Abdruckgenehmigung

Rebmann, Georg Friedrich (Kitzingen 1768 - Wiesbaden 1824): Kosmopolitische Wanderungen durch einen Teil Deutschlands, hg. v. H. Voegt, Frankfurt a. M. 1968, S. 75, 84f, 101ff, 147f
Rilke, Rainer Maria (Prag 1875 - Val-Mont 1926): Tagebücher aus der Frühzeit, Frankfurt a. M. 1973, S. 129f.
Wir danken dem Insel Verlag für die Abdruckgenehmigung.
Roth, Joseph (Brody 1894 - Paris 1939)

Scheffler, Karl (Hamburg 1869 - Überlingen 1951): Berlin. Ein Stadtschicksal, Nachdruck der Erstausgabe, Berlin 1989, S. 15f, 133ff, 159f, 179f, 181ff, 218f
Schopenhauer, Arthur (Danzig 1788 - Frankfurt am Main 1860): Briefe, Aufzeichnungen, Gespräche, Berlin und Wien o.J.,S. 128f, 132
Sling (d.i. Paul Felix Schlesinger) (Berlin 1878 - Berlin 1928): Die Nase der Sphinx, Berlin 1987, S. 5f, 75f.
Wir danken dem Morgenbuch Verlag für die Abdruckgenehmigung
Staël, Anne Germaine Baronne de (Paris 1766 - Paris 1817): Über Deutschland, Leipzig und Wien o.J., S. 101f
Stendhal (Grenoble 1783 - Paris 1842): Ausgewählte Briefe, München und Leipzig 1910
Sternheim, Carl (Leipzig 1878 - Brüssel 1942): Berlin oder Juste Milieu, München 1920, S. 23ff. Wir danken dem Luchterhand Literaturverlag für die Abdruckgenehmigung

Stieber, Wilhelm (1818 - 1882)

Storm, Theodor (Husum 1817 - Hademarschen 1888): Briefwechsel mit Theodor Fontane, Kritische Ausgabe, Berlin 1981, S. 26

Thoma, Ludwig (Oberammergau 1867 - Rottach 1921): Erinnerungen, München 1931, S. 205f

Tissot, Victor (Fribourg 1845 - ?): Reise in das Milliardenreich, Zweiter Teil, Bern 1875, S. 1f, 6ff, 11f, 20f

Abt Trittenheim zu Spannheim: Zitiert nach: Martin Hürlimann, Berlin, Berlin 1934

Tschechow, Anton (Taganrog 1860 - Badenweiler 1904)

Tucholsky, Kurt (Berlin 1890 - Hindås bei Göteborg 1935)

Turgenjew, Iwan (Orel 1818 - Bougival bei Paris 1883): Literaturkritische und publizistische Schriften, Berlin und Weimar 1979, S. 369

Varnhagen von Ense, Karl August (Düsseldorf 1785 - Berlin 1858): Tagebücher, 1. Bd., Leipzig 1861, S. 27f, 45, 155

Walser, Robert (Biel 1878 - Herisau 1956)

Wedekind, Frank (Hannover 1864 - München 1918): Die Tagebücher, hg. v. G. Hay, Frankfurt a. M. 1986, S. 76

Wochenblatt zum Besten der Kinder, Berlin 1760, S. 471ff

Worm, Hardy (Berlin 1896 - Berlin 1973): Mittenmang durch Berlin, Berlin 1981, S. 10f.

Wir danken dem Morgenbuch Verlag für die Abdruckgenehmigung

Die Herausgeber

Detlef Bluhm, geboren in Berlin, verbrachte manch glückliche Zeit wenn nicht in Frankfurt am Main, so in Bonn am Rhein; aus arbeitsbedingten Gründen kann er sich nur sporadisch von Berlin erholen.

Rainer Nitsche, geboren in Swinemünde, wurde in jungen Jahren nach Berlin gelockt und bereut das bis auf den heutigen Tag; so oft er kann, flieht er nach Franken.

128 Seiten,
gebunden

Kaum ein Beruf ist öffentlicher Kritik so vehement ausgesetzt wie der des Architekten. Jeder weiß besser, wie ein Haus auszusehen hat, lässt sich gern über missratene Fassaden aus und bedauert die armen Teufel, die in Architektenhäusern leben müssen. Wie in Fußballarenen wird auch im Chor gepfiffen, wenn schlechte Darbietung die Volksseele beleidigt.

Weniger im Chor, vielmehr als Solisten haben Vertreter einer anderen Zunft, der Literatur, die Architekten und ihre Bauten immer wieder heftig kritisiert. Nicht, dass sie mehr von der Architektur verstünden als andere, aber ihre Wehklagen oder Zornesausbrüche über architektonische Unfälle sind gekonnter formuliert und deswegen unterhaltsamer – ein Muss auch für Architekten, die mit der Lektüre ihre Affinität zur Literatur selbstironisch unter Beweis stellen können.

> *»Alles Schwachköpfe! Vergessen immer die Treppe im Haus.«*
> Gustave Flaubert